上善书系

崇志集

建设世界一流高中

朱华伟 著

中国人民大学出版社
·北京·

前言

PREFACE

《尚书》有言："功崇惟志，业广惟勤。"理想指引人生方向，信念决定事业成败。

我 18 岁走上讲台，成为一名光荣的人民教师，43 年来从来没有离开数学，没有离开数学教育，没有离开教育事业，这一点让我特别幸福。办一所世界一流的中学，是我坚定不移的人生理想和追求。43 年来，我最深刻的感受是：办教育需要朴素的、真挚的情怀——只有把教育当作一个伟大的事业，才会持之以恒地去投入，忘我地去奉献，才会达到"我将无我"的境界。

我与深中有许多渊源

2017 年 1 月我就任深圳中学校长之前，很少有人会把我和"深中"联系起来，其实我与深中有许多渊源。

时间倒回到 1992 年，这一年我硕士研究生毕业。时任深中校长何恭伦先生给我写了三封信，说我是全国唯一不用面试可以到深中来当老师的；从 2001 年之后，深中几乎所有数学比较厉害的学生我都参与辅导过，有些我还花了大量的时间和精力，比如王烜，他是 2007 年国际数学奥林匹克（International Mathematical Olympiad，简称 IMO）中国国家队队员，获得金牌，我是当年国家队的副领队。刚到任深中时，就有在读的深中学生跟我说是读着我的书考进深中的，而且我和深中数学组常年都有联系。所以，我和深中是颇有缘分的。

2016 年 12 月，深圳市教育局任命我为深圳中学校长、党委书记，2017 年 1 月正式就任，此时我 54 岁。这么多年以来，我做过一些事情，如担任 IMO 中国国家队领队、广州市教育研究院创院院长等，组织上也给了我许多荣誉，如湖北省十大杰出青年、国务院政府特殊津贴、全国五一劳动奖章等，但是我自己最自豪的，还是做深中校长。

来了就是深中人

著名历史学家陈旭麓先生说："历史的分期存在于历史的延续之中。"今日深中是从昨日深中发展而来的，深中能有今天的成就，历任校长、历代老师都做出了巨大贡献。深圳有句口号叫"来了就是深圳人"，我当时到深中任校长想的就是：来了就是深中人，现在接力棒传到我手中，我一定要跑好这一棒，力争多为深中做点有价值的事情。

2017 年 11 月，基于深中七十年的办学积累，在中国特色社会主义进入新时代和国家加快建设"双一流"大学的背景下，我提出："建设中国特色世界一流高中，培养具有中华底蕴和国际视野的拔尖创新人才"。

自此以后，围绕"世界一流高中"的办学定位，通过深思熟虑和综合考量，以当时深中发展面临的两大短板——师资队伍和校园硬件为突破口，同时聚焦课程建设、校园文化、集团化办学、教育帮扶等维度，大力进行教育改革，砥砺前行、攻坚克难，屡创佳绩、成效卓著。

2024 年 5 月，我十分敬仰的著名教育家、人大附中名誉校长刘彭芝先生到访深中，在参观了新校区并听了学校发展情况的汇报后情不自禁地感慨："这是我第一次全面、深入、细致地了解深圳中学，非常震撼，大开眼界，同时感到骄傲——为中国教育骄傲，为中国人自豪。今天在深中看到的教育，是足以代表中国基础教育在世界上争先的教育。"

深中成为我生命的一部分

我是深中第十八任校长。转眼间，我在深中担任校长，今年已是第八个年头。

八年如一日，只要是深中的事情，我一天都没有懈怠过，几乎每一个环节都认真思考、充分讨论过。因为我深知：学校管理是一个系统工程，牵一发而动全身，对每一个部门、每一步发展都要考虑到位。例如，深中近几年高考成绩表现亮眼，在全省遥遥领先，高三这一年功不可没，但优异的成绩绝不是由最后一年能够完全决定的——深中高一、高二年级的学生管理宽严相济，教育教学工作科学高效，校园环境整洁怡人，食堂饭菜美味营养，宿舍管理井然有序，因而学生在深中可以学好、吃好、玩好、睡好……这些都是决定最终结果的关键因素。

有一句诗我特别喜欢："为人性僻耽佳句，语不惊人死不休"——这是我1979年读师范一年级获全校数学竞赛第一名后，在表彰大会上发表获奖感言时引用的一句话。这句诗是杜甫《江上值水如海势聊短述》开头的两句，意为自己生性喜欢寻觅佳句，整日沉湎其中，如果写不出惊人诗句，至死也不肯罢休——这种执着专注的精神和精益求精的追求，是我几十年来的坚守。

八年来，我每天早出晚归，夙夜在公，风雨兼程，把深中装进了整个心灵——从学校外部环境和教育生态，到学校招生、招聘、课程、教学、后勤、安全等，事无巨细地思虑着深中的每一个细节；不论是在家还是学校，以及在每天来回通勤的路上，甚至是出差在外，哪怕远在异国访校，我无时无刻不想着深中、念着深中，谋划着深中的未来，深中已经成为我生命的一部分。

八年来，深中获得了许多荣誉，经历了很多变化，具有里程碑意义的就是深中泥岗新校区的落成。

筚路蓝缕启山林

2018 年 3 月，深中新校区工程动工，我就租住在工地旁两年半，实时关注工程进展。我清晰记得，在 2018 年 9 月的超强台风“山竹”来临前夕，市委市政府主要领导带队赴新校区工地视察指导；市政府领导在建设之初多次组织相关部门讨论设计方案。令我印象深刻的是，在一次讨论会上，我顶着巨大压力，力排众议坚持选择了如今的外观设计方案，它是我想象中的百年名校该有的样子；我很庆幸，也很感恩，这个想法得到了市委市政府领导的大力支持。正是有了数易其稿、几经提升的设计方案和各级领导的亲切关怀，才有了深中新校区今日世界名校的格局和气象。

新校区投入使用后，基于“建设中国特色世界一流高中”的宏伟目标，从空间设计、文化标识等方面，打造出一个与之相匹配的大气恢宏的学习场景；相继完成数学之美、物理之美、化学之美、生物之美、天文之美、AI 之美、机械之美、音乐之美等文化墙的设计，使学习空间无处不在，让学生在耳濡目染中受到科学与艺术的熏陶，沉浸于“无声课堂”。

深中新校区的正式启用，为学校的发展注入了新的活力，深中以日益可见的进步在建设世界一流高中的征程上乘风破浪——这是深中蕴藉沉淀七十余年水到渠成的厚积薄发，亦是这座城市给予她的十足底气和磅礴力量。

一花独放不是春

“一花独放不是春，百花齐放春满园。”为实现优质教育资源辐射，深中先后创办深圳亚迪学校、深中龙岗学校、深中南山创新学校、深中河源实验学校、深中坪山创新学校、深中梅香学校、深中光明科学城学校、深中大鹏学校、深中龙华学校、深中数理高中、深中科技高中、深中实验高中等学校，帮扶新疆喀什市第二十八中学、喀什市第五中学、广西百色高中、江西寻乌二中，为促进教育优质均衡做贡献。与德国丢勒中学、德国萨尔兹曼外语学校、澳大利亚玛丽亚特维尔中学、新西兰罗托鲁阿湖高中、加拿大贝赛德中学、英国卡尔福德学校、芬兰耶尔文佩高中、美国普林斯顿国际数理学校结为友好学校，互相学习、共同进步。

“凯歌而行，不以山海为远；乘势而上，不以日月为限。”本书的书名是《崇志集：建设世界一流高中》，我坚信，在市委市政府和市教育局的正确领导及社会各界的大力支持下，全体深中人必将以赤诚之心全身心投入教育事业，搭建世界一流平台、引进世界一流人才、干出世界一流业绩，实现宏伟教育理想，办成世界一流高中，为更多学校的发展提供深中智慧和深中方案，为促进教育优质均衡做贡献，为深圳教育先行示范全国贡献力量！

这本书的出版得益于我的师长、同仁、朋友和家人多年以来的鼓励、支持和帮助。感谢覃伟中市长鼓励我将多年从事教育事业的经验和思考结集成书，感谢深中各位师生、校友、家长以及关心关爱深中发展的各界人士，感谢为这本书贡献智慧和力量的深中同仁，感谢我的家人一直以来的无条件的支持和付出，因为有你们，才有了今天的这本书。同时，本书若有疏漏之处，敬请读者不吝赐教。

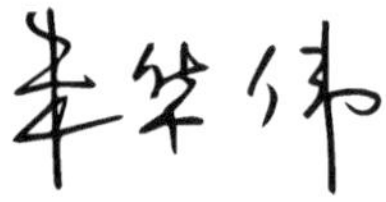

2024年10月8日

目录

CONTENTS

第一辑　承前启后　追求卓越

1-1　乐与大鹏比翼飞，静待凤凰夺目放

——在校长任命会议上的表态发言 …………………………… 2

1-2　与深圳共成长、与中国共发展、与世界共进步

——在深中建校70周年纪念活动上的致辞 ……………… 6

1-3　深圳中学：建设中国特色世界一流高中 …………………… 9

1-4　深中以深圳命名，理应努力冲刺世界一流 ……………… 16

1-5　深圳中学：勇立潮头再出发 ……………………………… 28

1-6　科学编制“十四五”规划，推动优质高中可持续发展 ……… 36

1-7　奋楫扬帆风正劲，长风浩荡启新程

——在续任深中校长会议上的发言 ………………………… 45

1-8　深圳中学：以“科教融合”提升学校科学教育水平 ……… 53

1-9　张弛有度，主动留白：论深中“留白”文化 ……………… 63

第二辑　筚路蓝缕　以启山林

2-1 深中校长朱华伟的教育梦：建设中国特色世界一流高中 …… 68

2-2 勇于承担光荣使命，建设世界一流高中

——在深圳市庆祝第 35 个教师节大会上的获奖感言 …… 79

2-3 办一所具有世界影响力的中学

——《中国教育在线》专访 …… 83

2-4 新校区 2020 年 9 月启用，深中校长朱华伟：加快建成世界一流高中

…… 107

2-5 筚路蓝缕，以启山林

——在深中新校区揭牌仪式上的致辞 …… 118

2-6 提升基础教育质量，激发城市发展活力

——在全市基础教育改革发展大会上的发言 …… 121

2-7 奋进伟大时代，决胜世界一流

——在 2020 年深圳质量大会上的发言 …… 124

2-8 奋斗如斯，孤勇向前

——在学习贯彻习近平新时代中国特色社会主义思想主题教育读书班上的发言 …… 127

2-9 深中的“教育哲学”

——《上善之教》前言 …… 134

第三辑　集团发展　引领示范

3-1　砥砺前行，再谱新篇

——在深中龙岗初级中学校长任命大会上的致辞 ……… 142

3-2　衔枝育凤，创享未来

——在深中坪山创新学校揭牌仪式上的致辞 …………… 146

3-3　发扬“四千精神”，打造区校合作新典范

——在TCL公益基金会捐赠光明科学城学校仪式上的致辞 ………………………………………………… 149

3-4　大鹏一日同风起

——在深中大鹏学校开办仪式上的致辞 ……………… 151

3-5　追光而遇，沐光而行

——在深圳中学光明科学城学校开办仪式上的致辞 …… 154

3-6　精工铸校园，奋斗谱新篇

——在深圳中学龙华学校启航仪式上的致辞 …………… 157

3-7　不负重望，扬帆起航

——在深圳中学高中园开学典礼暨启用仪式上的致辞 ………………………………………………… 160

3-8　器大者声必闳，志高者意必远

——在国际教育分享会开幕式上的致辞 ……………… 163

附　　录

附录 1　守正创新，追求卓越

——深圳中学 2017 年 1 月—2024 年 9 月大事记 …… 170

附录 2　深圳中学“十四五”规划 …… 207

附录 3　深圳中学：点燃“红色引擎”加速迈向世界一流 …… 237

第一辑

承前启后　追求卓越

办好具有中国特色、世界水平的现代教育，是时代赋予我们的崇高使命。深中与深圳这座城市血脉相通、相伴相生。我们一定不会辜负社会与国家的期望，与深圳共成长、与中国共发展、与世界共进步，在新的时代续写深中华章，再创新的辉煌！

1–1

乐与大鹏比翼飞，静待凤凰夺目放

——在校长任命会议上的表态发言

2016 年 12 月 23 日，深圳市教育局任命朱华伟教授为深圳中学校长、党委书记。2017 年 1 月 17 日，深圳市教育局领导在深中召开干部大会，本文为朱华伟在会议上的表态发言。

尊敬的市教育局领导、各位同仁：

大家下午好！

今天，我怀着一颗感激之心和一份责任感来到深圳中学。作为深圳中学的一名新兵，首先，衷心感谢市委市政府、市教育局领导及学校全体教职员工对我的信任与支持！同时，面对深中这所人文荟萃、声望显赫的著名学府，我深感责任重大，唯有“全意为卿付真心，力尽技竭尚辛勤”，并以各位的厚望为鞭策，与全校师生员工一道携手同行，立足传承，谋求发展，为深圳中学更加美好的明天而努力奋斗！

我与深中的缘分可追溯到 1992 年，我硕士研究生毕业的时候，时任校长何恭伦先生给我写了三封信，说我是全国唯一不用面试可以到深圳中学来当老师的，由于我个人的原因没有来。虽未任职，但是在非深中老师中，我是为深中的数学爱好者上过最多课的老师，同时也为深中的数学竞赛做了不小的贡献。2016 年 12 月 23 日，深圳市教育局任命我为深圳中学校长、党委书记，今天正式到任，我心里百感交集、激动不已，主要从以下四个方面谈谈我的感受并作表态。

一、承前启后，稳中求进

深圳中学是一所以城市名字命名的学校，与深圳建设现代化国际化创新型城市的发展紧密相连。改革开放以来，她犹如一只腾飞的大鹏，“水击三千里，振翼九万里，冲天而起”，一跃而成为省内乃至国内的佼佼者。深中以培养创新型人才为使命，在近70年的发展历程中，通过历代园丁的辛勤耕耘，培养出一大批优秀人才。在对深中不断认识的过程中，我切身感受到深中所洋溢着的“开拓创新、务实高效”的深圳精神以及全体师生对事业的满腔热忱和对目标的执着追求。这应该也是深中学校文化的核心元素，其形成的强大的凝聚力和内驱力是深中稳步发展和持续发展的底蕴。一直以来，我就有想办一所“够大气、有底气、接地气”（这里接地气是顺乎人理，接其自然，踏踏实实，深入人心，就是要遵循自然规律，而不是盲目行事）学校的梦想，因此，对深中这种追求卓越、蓬勃向上的文化氛围十分认同并倍感珍惜。古人云：“道德传家，十代以上。”从市教育局领导手中接过这根沉甸甸的接力棒后，我将与全校员工同心同德，一如既往，继续坚守和弘扬深中的文化传统与核心价值，使其更加根深叶茂，硕果累累。

二、追求卓越，争创一流

作为一所矢志不移追求卓越的学校，深中确立了建设成为“具有国际竞争力的中国卓越高中”的办学目标，引领深中逐步迈向中国基础教育的高地。“卓越”是一个恒久的目标，但其内涵更应该在发展中不断予以充实，以直面飞速发展的形势，适应教育改革的需求。我们不能把“卓越”理解为一种固定的状态，而是在追求卓越的过程中，不断攀登和自我更新，与时俱进，站在巨人的肩膀上不断创新，追求卓越，争创一流，将深圳中学建成“国内领先、世界一流”高中。这应是我们一切工作的出发点，也应成为我们的巨大动力和奋斗目标。面向未来，我们要把握时代发展脉络，遵循党的教育方针，把握正确的政治方向，遵循最朴素的教育规律，立德树人、全方位而且持久地自我变革，知行合一，实现自我超越。

三、人文关怀，科学管理

深圳中学被誉为一所充满教育情怀的学校，具有浓郁的民主、自由的风气，形成了多元文化交融的人文氛围。今后我们要继续加强对师生员工的人文关怀，营造贤者居上、能者为师，人尽其才、才尽其用，尊重知识、尊重人才的局面，让深中成为广大师生心灵的家园和价值体现的舞台，让深中成为每一位“深中人”成长的港湾，成为人生一段难以忘怀的美好回忆，让一代一代的深中人成为深中文化的传播者和推动深中发展的生力军。近年来，深中以这种文化纽带，通过开门办学、校缘文化群体的建设和校庆活动，为全体师生和历届校友打造了一个“情感交流、荣誉分享、价值互动”的平台。我们要继续依托这一平台，发挥深中同仁的优势，引入更多优质的社会资源、国际资源，让更多人关心和帮助深中的成长，为学校的发展创造良好的生态环境。

四、与时俱进，竭尽全力

我虽然有较长一段时间在大学和教研机构工作，但一直坚守中学课堂，关注基础教育的发展，积极探索拔尖创新人才的早期发现与培养。办一所“国内领先、世界一流”的中学，一直是我的教育情怀和教育理想。去年 8 月，市教育局局长张基宏教授莅临深中调研时指出，深中的发展要有更长远的谋划、更开阔的视野和更大气魄的手笔，把学校办得更好，辐射范围更广，示范力度更强。基宏局长的要求，使我深刻认识到时代、社会以及深圳这座城市赋予深中的神圣使命。“能胜强敌者，先自胜者也。”我会博采众长，诚心、虚心向在座各位学习，更多地深入了解市情和校情，尽快融入深中；坚持既一如既往，又与时俱进的方略，为深中的发展恪尽职守、竭尽全力，“不敢懈怠恐辜负，只求无愧对友人”，我会和全校师生员工、广大校友一起勇挑重任、齐心协力，积极稳妥地推进学校的各项工作，办人民满意的教育，让深中继续当好深圳基础教育改革发展的排头兵。

让我们共同努力，乐与大鹏鸟比翼齐飞，静待凤凰花夺目怒放！

谢谢大家！

2017 年 1 月 17 日

1-2

与深圳共成长、与中国共发展、与世界共进步

——在深中建校 70 周年纪念活动上的致辞

尊敬的各位领导、各位来宾，

亲爱的校友们、老师们、同学们：

大家好！

今天我们欢聚一堂，怀着无比喜悦与激动的心情迎来了深圳中学 70 华诞。感谢校友们四海荣归！感谢嘉宾们远道而来！感谢师生们倾情以待！请允许我代表深圳中学，向各个时期为学校竭诚奉献的师生员工，向为母校增光添彩的广大校友，向一直以来关心支持学校发展的各位领导和各界朋友，致以最真挚的问候和最衷心的感谢！

回首过去，不忘初心；艰难困苦，玉汝于成。

深圳中学自 1947 年建校以来，始终不忘立学为民、治学报国的使命感和责任感，坚持中国特色社会主义的办学方向，培养德智体美劳全面发展的社会主义事业接班人。

70 年来，学校在课程改革、拔尖创新人才培养、科技教育、国际教育、艺术教育、服务社会等方面积极探索、硕果累累。为了丰富课程资源，我校开设 100 多门校本课程和 19 门 AP（Advanced Placement）课程，与腾讯、华为、科大讯飞等顶尖企业共建创新体验中心，与中国科学技术大学、香港中文大学（深圳）、深圳大学等知名大学共建创新实验室；深中每年近 30 人升

入清华大学、北京大学，累计获得 11 枚国际数学、物理、化学奥林匹克金牌；合唱团、交响管乐团、舞蹈团多次在国际艺术比赛中荣获金奖；我校积极履行社会责任，先后与全国数十所学校开展帮扶交流活动，以优质资源带动教育均衡发展。

70 年来，学校为国家培养了近四万名优秀学子，为特区乃至国家的建设和发展做出了卓越贡献。党的十八大之后，习近平总书记第一站到深圳视察，考察了三家实体单位——腾讯公司、光启研究院和深圳渔民村，它们的掌门人马化腾、刘若鹏、吴惠权均为深中校友。

砥砺奋进七十年，薪火相传谱新篇。2017 年，学校的多项成绩再创新高：国内高考，进入全省文理科前 10 名的有 3 人、前 100 名的有 19 人，“985”工程大学录取 377 人，北大、清华录取 30 人，全省第一；国际方向，美国排名前 50 的大学录取 179 人，美国常春藤大学录取 10 人，全国前列。学校在精神文明建设方面取得丰硕成果，就在昨天新华社发布的《关于表彰第五届全国文明城市、文明村镇、文明单位和第一届全国文明校园的决定》中，授予深圳中学“全国文明校园”称号，这不仅是深圳中学的荣耀，更为五次荣膺“全国文明城市”称号的深圳再增荣光。

立足当下，引领未来；守正创新，追求卓越。

在中国特色社会主义进入新时代和国家加快建设“双一流”的背景下，我校全力推进学校内涵深度发展，明确提出未来的办学目标：建设中国特色世界一流高中。一方面，“中国特色”的教育必然是传承中华文化血脉、践行中国特色社会主义道路、服务国家发展的教育；另一方面，“世界一流”的高中势必具有国际视野，能够为世界一流大学输送更多优秀学子，为社会和国家培养更多栋梁之材，为世界一流高中的建设贡献深中方案。

老师们、同学们、朋友们，

“新思想引领新时代，新战略开启新征程。”2018 年 5 月 2 日，习近平总书记在北京大学师生座谈会上强调：“教育决定着人类的今天，也决定着人类的未来。”站在 70 周年新的起点上，我校将踏上建设中国特色世界一流高中的奋斗征途，我们将继续坚持以人为本的育人理念，把“立德树人”作为根本任务，培育英才，服务社会；我们将持续弘扬创新精神，追求卓越、敢为人先，为建设中国特色世界一流高中贡献深中智慧和深中经验。我想，这是全体深中人的责任与担当；我相信，我们一定不会辜负社会与国家的期望。让我们同心携手、砥砺前行，与深圳共成长、与中国共发展、与世界共进步，在新的时代续写深中华章，再创新的辉煌！

谢谢大家！

2017 年 11 月 18 日

1-3

深圳中学：建设中国特色世界一流高中

举世瞩目的党的十九大刚刚胜利闭幕，位于改革开放前沿阵地的深圳中学，迎来了意义非凡的建校 70 周年纪念活动。70 载栉风沐雨、春华秋实，站在新的历史起点上，早已享誉海内外的深圳中学，如何砥砺奋进、再创辉煌，成为全校上下乃至社会各界关注的焦点。

一、时代命题：发展具有中国特色、世界水平的现代教育

百年大计，教育为本。

党的十九大报告提出中国特色社会主义进入新时代的重要论述，并提出要把教育发展放在优先位置，加快教育现代化，办好人民满意的教育。早在 2013 年 9 月 9 日，在第 29 个教师节慰问

信中，习近平总书记提出“发展具有中国特色、世界水平的现代教育”，明确了中国教育发展的方向。中央近期发布的《关于深化教育体制机制改革的意见》，也提出要扎根中国大地，围绕为谁培养人、培养什么样的人、如何培养人的根本问题，坚定不移走中国特色社会主义教育发展道路。发展具有中国特色、世界水平的现代教育，已经成为中国教育者必须认真思考和回答的时代命题。

二、历史沿革：砥砺奋进七十年，成就国内名校

深圳中学创办于 1947 年。建校之初，学校仅有 100 名学生。砥砺奋进 70 年，深圳中学一直紧紧追随国家和时代发展步伐，在课程改革、拔尖创新人才培养、国际教育、艺术教育、科技教育、学校文化建设、服务社会等方面做了大量的探索实践，成为深圳教育的窗口和文化名片。

70 年来学校取得了令人瞩目的成绩——

1983 年深中被定为深圳市仅有的省重点中学，1993 年被评为广东省首批一级学校，2004 年获评国家“新课改样板校”，2007 年通过国家示范性高中评估——成为在广东省乃至全国都有着一定影响力的示范性高中，2010 年被评为课程改革和艺术教育两个素质教育特色学校，2017 年获评首届全国文明校园。深中每年近 30 人升入清华、北大，迄今为止获得 11 枚国际数学、物理、化学奥林匹克金牌，2011—2017 年被美国排名前十的大学及常春藤盟校录取 110 人次，合唱团、交响管乐团、舞蹈团多次在国际艺术比赛中荣获金奖。

七秩学府，未艾方兴，探索与创新是学校发展的永恒主题。在建校 70 周年之际，深圳中学全力推进学校内涵深度发展，明确提出未来发展定位：建设中国特色世界一流高中。

三、未来愿景：建设中国特色世界一流高中

（一）顺应国家和时代发展的必然追求

当前，统筹推进我国的“双一流”建设，已经成为中央的重大战略决策，成为中国高等教育发展的共识。世界一流大学和一流学科的建设势必需要大量一流中学作为支撑，以构建完整的创新人才培养链条。深圳中学“建设中国特色世界一流高中”办学定位的提出，是顺应国家和时代发展的必然追求。

那么，何为“中国特色世界一流高中”？一方面，“中国特色”的教育必然是传承中华文化血脉、践行中国特色社会主义道路、服务国家发展的教育；另一方面，“世界一流”的高中势必具有国际视野，力争代表中国在国际舞台上拔得头筹，为世界一流的高中教育贡献智慧和案例。

（二）结合深圳经济特区的发展定位

教育是民族振兴和社会进步的基石，是一座城市安身立命软实力的生动体现。深圳中学建校 70 年来，既见证了新中国的成长，也见证了深圳从小渔村发展为国际大都市。地处这样一座铿锵前行在现代化国际化道路上的开放城市，深圳中学的未来发展理应结合城市的发展定位和内在需求。

2015 年，深圳市第六次党代会明确了深圳的发展方向：建设现代化国际化创新型城市。国际化创新型城市必然需要世界一流的基础教育做配套。引进高新企业的资源，吸引全世界的优秀人才来深圳市创业、投资、安居，这都离不开一座城市强大的基础教育根基。作为深圳基础教育领域的“领头羊”，深中冲刺世界一流高中，是深圳建设现代化国际化创新型城市的重要支撑。

（三）70载办学奠定“世界一流”基础

自1947年建校以来，从深圳中学走出的大批优秀学子成为特区建设乃至全国建设和发展的栋梁。习近平总书记视察深圳时考察的腾讯公司、光启研究院这些优秀企业，就是由马化腾、陈一丹、刘若鹏等优秀深中校友创建。

深圳中学之所以能够取得如此骄人的成绩，主要是因为有一个良好的“教育生态”——不仅拥有地处改革开放前沿的区位优势、70年名校的文化优势和适宜的政策环境，而且有一支非常优秀的教师队伍和卓越的学生群体，以及对学校认同度、支持率极高的校友、家长和社会各界“朋友圈”等，这些优势都为学校冲刺世界一流提供了非常好的环境和土壤。

四、五大举措：全方位提升深中办学水平

（一）引育并举，打造一流教师队伍

一流的教师队伍是深圳中学建设世界一流高中极其宝贵的战略资源。深圳中学的教师队伍是伴随着城市和学校的发展不断发展壮大起来的，尤其是20世纪八九十年代，大批优秀人才来到深中，为学校发展做出了巨大贡献。目前全校有教师400多人，硕士学历的160多人，博士研究生10人，数理化三科金牌教练20多人，正高级教师、特级教师、名师工作室主持人等各级各类名师100多人。深中不仅要成为学生成长的乐园，也要成为教育家的摇篮。学校今后将加大优秀人才引进力度，从国内外名校招聘博士毕业生，同时引进各学科名师名家，进一步优化教师人才结构。除了继续开展“青蓝工程”、校本教研等，还将邀请国内外著名专家学者来校指导、讲学，引领中青年教师成长。

（二）多元课程，赋予学生选择权利

一流的课程建设是深圳中学建设世界一流高中的核心竞争力。学校根据学生的不同发展需要，建立了标准、实验和荣誉三大课程体系；对所有课程进行“校本化”处理，除基础学术课程，还特别设立由认知技能、自我成长、文化审美等六个课程群构成的深中文凭课程。此外，还开设 19 门与大学一年级水平相当的大学先修课程，以及包括国际高端学术课程、创新体验课程、社会实践与主题研究课程等在内的特色课程。

为了满足学生的高端学习需求，深中开门办学，向社会公开招募客座教师，与腾讯、华为、华大基因、大疆创新、科大讯飞等知名企业共建 10 个创新体验中心，与中国科学技术大学、香港中文大学（深圳）、深圳大学等共建创新实验室，在加拿大阿尔伯塔大学退休教授刘江枫的支持下建立了“数学创新实验室”。目前，国内高中教育在理科方面做得不错，但人文教育相对薄弱。打造世界一流的课程体系，必须有更多更优质的人文课程，这也是深中正在努力推进的工作。

（三）全面发展，培养学生健全人格

培养有智慧、有担当的一流人才是深圳中学建设世界一流高中最根本的价值追求。深圳中学致力于培养具有中华底蕴和国际视野的拔尖创新人才，办学 70 年来，为社会培养了近 4 万名优秀毕业生，涌现出了许多杰出校友。

为了促进学生的全面发展，培养学生的健全人格，学校为学生提供了丰富多彩的学生组织、社团和校内外实践活动。目前深中学生社团有 100 多个，涵盖实践类、媒体类、社科类等 8 个类别；学校每学年组织学生开展江西井冈山红色革命之旅和湖南长

沙伟人足迹之旅，促进学生深入理解革命历史，躬身践行社会主义核心价值观。

（四）追求卓越，塑造一流校园文化

一流的校园文化是深圳中学建设世界一流高中最鲜活的力量源泉。建校 70 周年之际，学校发起关于“深中精神”的大讨论，得到各届校友热烈回应。经过充分讨论和反复斟酌，确定了认可程度最高的八个字作为深中精神的总结：“追求卓越，敢为人先”，这是深中校园文化的核心所在。

这些年来，学校开展了诸多教育教学改革，培养了一批富有开拓创新精神的人才，这就是“敢为人先”的最佳注脚。站在新的历史起点，我们提出“建设中国特色世界一流高中”的办学定位，也体现了深中人“追求卓越”的精神内核。

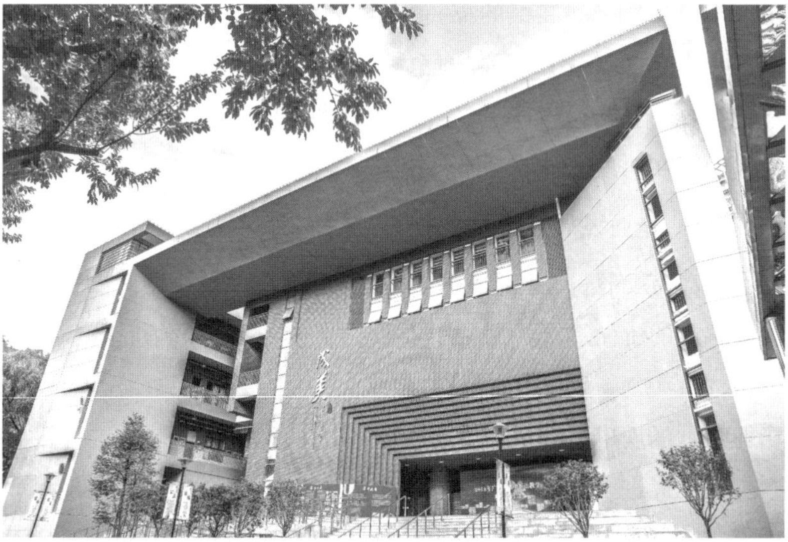

（五）面向未来，打造世界一流校园

一流的校园环境是深圳中学建设世界一流高中最基本的物质

保障。客观而言，深中冲刺世界一流名校，目前的“短板”主要是硬件设施。70 年的办学历史积淀了厚重的文化底蕴，但同时也带来了硬件落后等问题。因此，切实改善师生的学习、工作生活环境是深圳中学未来硬件设施优化的主要发力点。

深圳市非常重视、非常支持深中的发展，正以高水平、高标准推进学校硬件建设。当前，学校总体改造进入关键阶段，这是新一轮高规格、具有深中特色的校园建设，必将极大改善学校的办学条件。深中泥岗校区的建成，将是深中迈向世界一流高中的重要一步。深中泥岗校区的规划设计提出了五大理念：“以人为本”“资源充分使用”“全人教育”“开放”“独特的审美体验”。深中泥岗校区将建设成为深圳未来校园规划与建设的样板，引领中小学校园的规划与设计，成为与世界发达地区的教育进行交流与对话的平台。

办好具有中国特色、世界水平的现代教育，是时代赋予我们的崇高使命，是党和人民赋予我们的重大责任。以 70 周年校庆为节点，深圳中学将踏上建设中国特色世界一流高中的奋斗征途，我们将继续坚持以人为本的育人理念，把“立德树人”作为根本任务，培育英才，服务社会，力争在拔尖创新人才培养方面有所担当，为中国特色世界一流高中建设贡献深中智慧和深中经验。

——本文刊发于《中国教育报》2017 年 11 月 13 日 12 版

1-4

深中以深圳命名，理应努力冲刺世界一流

七十年时光，可以很长，可使少年变成老者，小苗长成巨树，沧海变成桑田，旧村变成新城；七十年时光，也可以很短，在漫长的历史长河中，就如一沙一粟。“中华民族千秋伟业，百年恰是风华正茂！”对于立志建千年名校的深圳中学而言，七十之龄，同样是青春正好、风华正茂！

关键节点，校长更替。去年（2016 年）年底，原深中校长赵立提任深圳市教育局副局长，来自广州的朱华伟接棒，成为这所名校的第十八任校长。

朱华伟当过中学老师、教研员、教育局局长，31 岁就成为特级教师，是当时全国最年轻的特级教师；来广东后当过中学校长、大学教授，曾任国际数学奥林匹克中国国家队领队、主教练，率中国队获世界冠军，后又负责筹建广州市教育研究院并任院长。

这样一位“大咖”在广深间调动，一时引发舆论。但在熟悉朱华伟的人看来，这更像是一次水到渠成的回归，毕竟，他与深圳教育有着千丝万缕的联系，而他的教育情怀又是如此之深。

从政府层面看，此次深圳市教育局从广州把朱华伟聘请过来，亦足见官方对基础教育、对深圳中学发展的高度重视。经过三十多年的快速发展，深圳特区已跻身全球国际大都市之列。这座充满锐气的改革创新城市，迫切需要建立与之相匹配的高水平教育、

医疗体系，以吸引全球化的高层次人才。

对于办学刚满 70 年的深中而言，不管是 20 世纪八九十年代大规模的人才引进、超常教育的一骑绝尘，还是 21 世纪初领先全国的课程改革、自由民主校园文化的构筑，抑或近年来在拔尖创新人才培养方面的前瞻探索，这所以城市命名的学校，一直以高度的自觉，引领深圳乃至中国基础教育改革发展。

天时、地利、人和，一切都准备好了。站在建校 70 周年这个重要节点，备受关注的深中将往何处去？在“发展具有中国特色、世界水平的现代教育”这一路径之下，在国家创新人才培养体系中，早已享誉国内外的深中应该充当怎样的角色？在深圳打造现代化国际化创新型城市的过程中，这所代表城市高度的名校，又该发挥哪些作用？

建校 70 周年之际，深圳中学庄重向外界发布其办学定位：建设中国特色世界一流高中。这一定位的确立有何依据？达成这一目标的举措又有哪些？日前，深圳中学“新掌门”朱华伟教授接受了记者的专访。

毕生理想，就是办一所自己喜欢的学校

您来深中当校长的消息出来后，教育界和媒体界都非常关注。听说之前有好几次机会来深圳工作？

确实，我与深中、深圳教育有很深的缘分。早在 1992 年我研究生毕业的时候，当时深中何恭伦校长给我写了三封信，说我是全国唯一不用面试就可以直接到这里工作的老师，并且解决家属工作和住房，只教选修课和奥数，培养超常人才。当时恰逢小平同志发表“南方谈话”，《深圳特区报》也有一篇重大社论报道《东方风来满眼春——邓小平同志在深圳纪实》。我看完这篇文章

之后激动不已，辗转反侧，夜不能寐，对深圳这座城市充满向往，但因为个人原因，最终还是留在武汉工作。

2000 年从美国做访问学者回来后，我到珠海担任人大附中珠海校区校长，后又到广州工作多年，其间确实有好几次机会来深圳或者深中工作，都因为各种原因错过了。

这一次，在 54 岁的时候，您为什么会最终下定决心？

我的经历比较丰富，可以说是“颠沛流离”。18 岁就在我的家乡河南汝南的一所高中担任数学老师，后来又到武汉读研究生。毕业后，在武汉工作了九年，当过三年市教研员和六年区教育局局长。在我 38 岁的时候，从武汉来到珠海，任人大附中珠海校区校长。时任广州大学计算机教育软件研究所所长、著名数学家张景中院士力邀我到大学工作。于是 2004 年 2 月，我到广州大学工作，担任计算机教育软件研究所所长职务十年。2014 年 1 月，受广州市教育局之邀，我负责筹建广州市教育研究院并担任首任院长，之后在教研院工作了三年。

虽然这些年换了很多岗位，但我感到最自豪的，是一直没有脱离课堂。当年当教育局局长的时候，我一直坚持给学生上课。因为我喜欢数学，喜欢学生，热爱数学教育，热爱教育事业。我毕生的理想，就是办一所自己喜欢的学校。

深圳市委市政府、市教育局高度重视教育，高度重视深中的发展。这一次来深中工作，我非常珍惜这个机会。我从事了三十多年的教育工作，有比较丰富的经历，也有很多想法，希望有一个平台能够最大化实现个人价值，为教育事业贡献自己的一份力量，为社会做更大的贡献。

深中有基础成为世界一流名校

今年是深圳中学建校70周年，学校提出“建设中国特色世界一流高中”的办学定位，是基于哪些方面的考虑？

中国的基础教育在世界上已有一定地位，但真正达到世界一流水平的高中还比较少。北京的人大附中和上海的上海中学，分别代表了京派和海派教育，都是当之无愧的世界一流中学。但目前在深圳乃至整个华南地区，还缺少一所与之媲美的世界一流名校。

深圳中学经过70年积累，已有很好的基础，是“省内领先、国内一流”的名校，我们有条件向更高的目标迈进。

其次，这也跟深圳的城市发展和定位相匹配。深圳的目标是成为国际一流的现代化国际化创新型城市。深中作为以城市命名的学校，深圳基础教育的“领头羊”，理应努力冲刺国际一流、世界一流。

更为重要的，这也是国家发展的需要。我国正大力推进大学“双一流”建设，打造一批世界一流大学和一流学科。但如果没有数量更多的世界一流中学作为支撑，怎么会有世界一流大学？

为什么会特别强调“中国特色”？“中国特色”又将如何体现？

我们要扎根中国大地办学，围绕“为谁培养人、培养什么样的人、如何培养人”的根本问题，打造具有中国特色、世界水平的现代教育。在我看来，最核心的还是要培养学生的爱国主义精神，让他们成才后报效祖国和人民，这是基本品格。

加强爱国主义教育、传承中华优良传统，具体怎么做？首先要加强对教师的思想政治教育，提高教师队伍的政治觉悟。其次，要严格落实国家课程，开发丰富多元的校本课程，举办丰富多彩的学校活动、社团活动，并将爱国主义教育渗透其中，培育和践行社会主义核心价值观，将立德树人落实到各学科的教学中。

我们在今年的初一开设博雅班，在高一开设高层次文科班，同时还会邀请国内外知名专家来做人文方面的报告，提升学生的人文素养和人文精神。这也是打造中国特色名校的重要举措。

在您心目中，“世界一流”的标准是什么？深中冲刺“世界一流”的基础又是什么？

建设世界一流学校，其实就是构建世界一流的教育生态，包括良好的外部环境、先进的办学理念、一流的师生群体，以及校本课程、校园文化、硬件设施、国际化水平等。

我到深中工作后，发现从政府到民众，几乎整个城市都对深圳中学宠爱有加。深圳中学之所以能在这座城市享有那么高的公信力和社会认可度，这是深中几代人努力的结果。

即便从全国范围看，深圳的基础教育环境都是非常好的。深圳市对深中寄予厚望，要办成能够跟深圳的经济社会发展水平相匹配的名校，这为她冲刺世界一流提供了非常好的环境和土壤。

引育并举　建设一流教师队伍

教师队伍建设是重中之重。深中教师队伍有哪些优势和“短板”？接下来如何打造一流的教师队伍？

深中有一大批乐于奉献、爱岗敬业、专业水平高的老师。学校管理队伍各司其职、兢兢业业。深中的教师队伍伴随着城市和学校的发展不断壮大，尤其是20世纪八九十年代，有大批优秀人才来到深中，为学校的发展做出了巨大贡献。目前全校有教师400多人，其中硕士160多人，数理化三科金牌教练20多人，正高级教师、特级教师、名师工作室主持人等各级各类名师100多人。

但是，与世界一流中学相比，我们的师资水平还有很大提升空间，比如教师的学历结构。我今年初来的时候，是深中的第三个博士。这么大一所学校只有 3 名博士，实在太少了。2016 年 5 月北京十一学校的博士教师就达 60 人。

此外，深中在全国有影响力的名师、学科带头人还不多；我们的金牌教练队伍、科技教育师资还不能满足深中高水平发展的需求。

这些年，深中人才引进力度有所减弱。这是由于深圳房价上涨快，教师工资待遇相比内地已无优势，所以吸引优秀人才的难度增大。深圳在科技创新人才、高校教师引进等方面做了大量工作，但在基础教育领域的人才引进和激励力度等环节相对薄弱，仍有提升和优化的空间。希望政府今后出台更多的优惠政策，同时我们也在积极寻求各种社会资源的支持，加大人才引进、奖教奖学力度。

各个领域的顶尖人才在全世界都是稀缺资源，一定要解放思想，对特殊人才不拘一格，大力引进。深中要建成世界一流名校，最起码要有几十名乃至上百名国内外名校毕业的博士。同时，我们也要引进各方面的优秀教师，进一步优化深中的教师队伍结构。

建设优秀教师队伍，引进是一方面，内部培养和成长也很重要。在这方面深中有什么举措？

建设优秀教师队伍，需要引进和培养并举。深中的“青蓝工程”，对年轻教师的培养非常有效。一位优秀毕业生走上工作岗位，知识储备基本没问题，但能否成为好老师，还在其学养、人生态度、价值观等方面。如果入行后能跟随德艺双馨的名师学习，耳濡目染，将会受益无穷。这就是清华大学老校长梅贻琦说的“大鱼先导，小鱼尾随”。

除了校内教师传帮带，我们也希望有更多的国内外名师名家，来引领深中教师成长。比如，我们邀请加拿大阿尔伯塔大学退休教授刘江枫定期到深中讲学，培养、带领深中的年轻教师。

学校也鼓励老师申报课题、做研究，成为教育专家。深中不仅要成为学生成长的乐园，也要成为教育家的摇篮。深中的老师比较注重实操，教学能力很强，课程开发成果丰硕，但是很多实践探索没有上升到理论层面，没有形成学术成果固化下来。与上海、北京等名校相比，这是深中的“短板”。目前学校正分批整理、提炼、出版校本教材，鼓励老师们著书立说，成为某个领域的专家。

团队管理方面，我们尽量给老师们提供自由宽松的工作环境，少一些打扰，少一些评比，少一些无关的会议，让老师们安心工作，有更多的时间和精力去读书、学习、研究，跟学生在一起，形成一个良好的工作和学术氛围。

学校还特别重视营造人人读书的环境。图书馆是一所学校的灵魂，形成了好的读书氛围，校长、老师和学生都喜欢读书，自然就是一所好学校。我本科和硕士学的是数学专业，博士是教育学专业，因此除了数学专业书籍外，也读了很多人文类和教育学的书籍。我的藏书有两万多册，原版英文图书八千多册。

朱华伟的藏书（深圳中学国际数学资料中心）

多年来，无论再忙我一直坚持读书，同时也希望老师们都养成良好的阅读习惯，要求理科教师多读人文书籍，多一点人文情怀、人文精神，文科教师多读自然科学书籍，多一些理科知识、科学精神。

优秀学生是深中冲刺世界一流的基础

课程是育人的载体，深中的课程改革硕果累累。以“世界一流”的标准来审视，当前深中的课程建设水平如何？还应从哪些方面予以提升？

课程是育人的载体。2001 年开始的基础教育课程改革引起了全国性的学校发展与变革。2004 年，深圳中学被定为国家“新课改样板校”。经过多年探索，深中课程建设硕果累累。学校按照学生的不同特点以及不同的发展需要，建立了标准、实验和荣誉三大课程体系。

朱华伟校长和深圳中学 2017 届被世界著名大学录取的部分同学合影

为了满足学生的高端学习需求，深中开门办学，把世界引入学校，向社会公开招募客座教师，与腾讯、华为、华大基因、大疆创新、科大讯飞等知名企业共建10个创新体验中心，与中国科学技术大学、香港中文大学（深圳）、深圳大学等大学共建创新实验室，在加拿大阿尔伯塔大学退休教授刘江枫的支持下建立了“数学创新实验室”。

学校根据学生特点开发了许多优质校本课程。深中集中了全市最优秀的高中生，他们的创新潜质和学术特长非常明显，所以学校除基础学术课程，还特别设立由认知技能、自我成长、文化审美、体育健康、实践服务、研究创造六个课程群构成的深中文凭课程。此外，还开设19门与大学一年级水平相当的大学先修课程，以及包括国际高端学术课程、创新体验课程、社会实践与主题研究课程等在内的特色课程。

学校还鼓励学生参与丰富多彩的具有学术价值的活动。学生参与了包括国际青年物理学家竞赛（IYPT）、美国青年物理学家邀请赛（USAYPT）、中国大智汇创新研究挑战赛（CTB）、美国高中学生数学建模竞赛等16项国际学术活动。深中学子在这些活动课程中表现出了扎实的学术研究能力、创新能力和实践能力。

目前，国内高中教育在理科方面做得不错，但人文教育相对薄弱。建设世界一流的课程体系，必须有更多更优质的人文课程，这也是深中正在努力推进的工作。

深中学生的水平达到“世界一流”了吗？还有哪些素养需要进一步提升？如何提升？

深圳中学的学生是非常优秀的，也是我们建设世界一流高中的重要基础和信心来源。

从学业表现看，深中学生非常优秀。在学科竞赛方面，深中学子共获得过 11 枚数学、物理、化学国际奥林匹克金牌。深中每年考入北大、清华的学生近 30 人。2017 年国内高考，深中进入全省理科前 100 名的有 13 人，“985”工程大学录取 377 人，北大、清华录取 30 人，广东第一；国际方向，获得 13 份美国常春藤大学录取通知书，美国排名前 50 的大学录取 179 人，美国五大名校（哈佛、耶鲁、普林斯顿、斯坦福和麻省理工）录取 7 人，全国第一。

深中学生的优秀不仅指学业成绩，还包括社会担当、国际视野、创新精神等，这些都是现代公民所必备的素养，也是深中学生鲜明的特质。

深中学生的创新精神、创新能力非常强。深中的优秀校友如马化腾、张志东、陈一丹、许晨晔、刘若鹏、汪之涵等，都是拔尖创新人才，他们的成长跟中学的创新教育密不可分。

深中学生普遍有广阔的国际视野，这跟深圳的区位优势、经济发展水平相关。我们的学生出国机会多，能够较多较早地接触国际文化，这些都提升了学生的国际理解能力。

深中学生综合素质高，活动能力强。学校有 100 多个学生社团，还有各种校园活动，为学生提供了广阔的活动平台。学校的四大艺术团：合唱团、舞蹈团、管乐团、民乐团，享誉国内外。深中的足球队也出了很多成绩。但这些还不够，我们要求每个学生至少参与一到两项体育项目，掌握一两项艺术特长。

自由与民主是深中的一大特色，学校搭建了丰富的平台，给予学生自由选择的空间，鼓励学生在真实的实践中学会选择、学会承担、规划自我发展。

深圳中学致力于培养具有中华底蕴和国际视野的拔尖创新人才。我们希望深中学生既胸怀理想又脚踏实地，能够尊重自然，关爱他人，服务社会。

未来，我们将进一步优化课程体系，改进教育教学方式，搭建更多成长平台，充分挖掘学生潜能，突出特长，促进每位学生的全面优质发展。

软硬件齐发力　助推深圳成一流城市

鲜明的校园文化是一所学校独特的名片。在您看来，经过 70 年的传承，深中形成了怎样的校园文化？今后如何继续传承和发扬？

深圳中学是一所办学历史悠久、特色鲜明的学校。建校 70 周年之际，学校发起关于“深中精神”的大讨论，得到各届校友热烈回应。经过充分讨论和反复斟酌，确定了认可程度最高的八个字作为深中精神：“追求卓越，敢为人先”，这是深中校园文化的核心所在。

这些年来，深中开展了诸多教育教学改革，培养了一批批富有开拓创新精神的人才，这就是“敢为人先”的最佳注脚。站在新的历史起点，我们提出“建设中国特色世界一流高中”的办学定位，也体现了深中人“追求卓越”的精神内核。

“追求卓越，敢为人先”的深中精神，以及活泼灵动、自由民主的校园文化，应该得到更好的传承和发扬。我们正着手做校史的梳理和撰写工作，以使深中优秀的基因一代代传承下去。

硬件设施也是冲刺世界一流名校必不可少的要素。目前深中的硬件设施状况如何？未来可以达到怎样的水平？

客观而言，深中冲刺世界一流名校，目前最大的“短板”是硬件设施。我们的基础设施，包括校园、宿舍、食堂等，都还比较简陋。但深圳市政府非常重视，也非常支持深中的发展，目前正以高水平、高标准推进学校硬件建设。当前，学校总体改造进入关键阶段，五大项目正在有条不紊地推进之中。这是新一轮高规格、具有深中特色的校园建设，必将极大改善学校的办学条件。

深中泥岗校区的规划设计提出了五大理念："以人为本""资源充分使用""全人教育""开放""独特审美体验"。泥岗校区将建设成为深圳未来校园规划与建设的样板，引领中小学校园的规划与设计，成为与世界发达地区的教育进行交流与对话的平台。泥岗校区的建成，将是深中迈向世界一流高中的重要一步。

正如您刚才所说，深圳对深中厚爱有加，也有很高的期待。作为深圳唯一一所以城市名字命名的中学，深中对于深圳又意味着什么？她能够给深圳带来什么？

教育是一座城市发展的基础。深中与这座城市血脉相通、相伴相生。没有深圳城市的发展和支撑，就没有今日深中的辉煌成就；而一代代深中人，也在各个领域为深圳乃至国家的发展做出了诸多贡献。

基础教育是一个城市的核心竞争力。一方面，办好人民满意的教育，培养对社会有用的人才是促进城市发展的原动力；另一方面，吸引全世界的顶尖人才来深圳创业、投资、安居，都离不开这座城市强大的基础教育根基。我身边就有很多这样的例子，很多事业上非常成功的企业家会先考察当地是否有适合子女就读的优质中学，再决定是否将事业的重心放在这里。

所以说，优质的基础教育，是提升城市吸引力和竞争力的关键因素。越来越多优质中小学不断涌现，是深圳建设现代化国际化创新型城市的重要支撑。

——本文刊发于《南方都市报》2017 年 11 月 13 日 04 版

1–5

深圳中学：勇立潮头再出发

2018年，《人民教育》“改革开放中的学校变革”核心议题栏目在全国遴选了四所名校：北京市八一学校、深圳中学、上海建平中学和北京市十一学校。朱华伟校长在该栏目发表文章《深圳中学：勇立潮头再出发》。

深圳是一座神奇的城市，在改革开放与大国崛起的伟大事业中，肩负光荣使命，为大国崛起创造了辉煌奇迹。深圳中学，作为唯一以这座城市名字命名的中学，与深圳同命运、共发展，创造了属于自己的使命辉煌。

艰难困苦，玉汝于成

1947年，深圳中学诞生在仅有几百平方米的二层建筑——深圳湖贝、水贝、向西三村的张氏雍睦堂。那一年，100名宝安少年带着对知识的憧憬和梦想，走进“私立深圳初级中学”。

1978年，中国拉开了改革开放的大幕，也正是在这一年，教育部颁布《关于办好一批重点中小学的试行方案的通知》，重点中学成为国家新时期教育发展的重要抓手。1983年6月深中获评深圳市唯一的“省重点中学”，1986年获评“广东省进步快、效果好的学校”，1993年11月获评广东省首批“一级学校”。

1998年，始建于1985年的洪湖中学与深圳中学合并，成为深圳中学初中部，深中自此办学规模不断壮大，办学条件也得到极大改善。

2001 年，教育部正式启动新一轮基础教育课程改革，颁发了《基础教育课程改革纲要（试行）》等一系列政策文件，初步构建了符合时代要求、具有中国特色的基础教育课程体系，这引起了全国性的学校发展与变革。深圳中学在课程改革的进程中不断尝试，形成了较为系统、完整的课程改革经验，因此在 2004 年获评国家“新课程改革样板校”，2006 年成为首批通过广东省国家级示范性高中初期督导评估的学校。在几代深中人的不懈努力下，2007 年 12 月深圳中学顺利通过示范性高中评估，成为在广东省乃至全国都有一定影响力的示范性高中。

2010 年，国务院审议通过的《国家中长期教育改革和发展规划纲要（2010—2020 年）》（以下简称《规划纲要》）明确指出，“高中阶段教育是学生个性形成、自主发展的关键时期，对提高国民素质和培养创新人才具有特殊意义”，这为高中阶段探索创新人才成长的规律指明了方向。基于半个世纪以来的教育探索，着眼于《规划纲要》对于高中教育定位的新认识，深圳中学于当年 9 月提出“建设学术性高中，培养创新型人才”的办学目标，并经过 4 年的改革探索后，正式对外发布酝酿已久的《2014 级高中课程建设和学生综合素养评价方案》，明确要创造一个“学生按需选学、学校按需施教、高校按需选才”的教育环境，让有能力者可以“免听”、有兴趣者可以“多学”，同时赋予学生自主发起课程的权利。

2012 年，党的十八大胜利召开。正值深圳中学建校 65 周年，深圳中学借助有利的地缘条件和校友优势，与全国著名企业联合创办了 7 个创新体验中心。这充分适应了深圳中学课程发展的需要——创新体验中心为学生接触最新课题、开展探究实验活动、体验发明创新过程、培养认真严谨的专业素养、形成崇高的科学精神和远大的科学志向搭建了学术平台；同时，学生创新体验中心的建立，依赖于深圳这块创新的沃土，依赖于深圳一大批具有社会责任感和创新文化的企业的宝贵资源，它将企业文化与校园文化有机结合起来，从而成为学生了解社会、服务社会、报效社会的一个重要窗口。

2017 年是党的十九大胜利召开之年，在新时代背景下，深圳中学全力推进学校内涵深度发展，明确提出未来的办学目标：建设中国特色世界一流高中。一方面，“中国特色”的教育必然是传承中华文化血脉、践行中国特色社会主义道路、服务国家发展的教育；另一方面，“世界一流”的高中势必具有国际视野，以中国文化为底色，以世界眼光为格局，只有这样的人才，才能真正服务于国家发展。基于“世界一流高中”的办学定位，深圳中学在广泛征集全体教职工建议、反复论证和征求校外专家建议、不断打磨的基础上，于 2018 年 7 月 13 日在教代会上正式讨论通过《深圳中学五年发展规划（2018—2022 年）》，为学校的可持续发展提供了内在动力和行动指南。

牢记使命，立学为民

从历史的角度来审视，深圳中学之所以能成为一所闻名海内外的光荣学校，最根本的原因是，她是一所有使命的学校——这个使命是国家与时代赋予并被深中人所自觉地领悟和忠诚地履行。在改革开放的浪潮中，深圳中学始终不忘立学为民、治学报国的使命感和责任感，坚持中国特色社会主义办学方向，培养德智体美劳全面发展的社会主义建设者和接班人。

桃李芬芳，星汉灿烂。70余年来，学校为国家培养了近4万名优秀学子，为特区乃至全国的建设和发展作出了卓越贡献。党的十八大之后，习近平总书记第一站到深圳视察，公开报道的视察实体都是深中校友主持的单位：1968届校友吴惠权主持的渔民村、1989届校友马化腾主持的腾讯公司和2002届校友刘若鹏主持的光启高等理工研究院。三位校友在一个特定的历史时刻，集中展示了深中对国家和深圳特区的人才贡献，凝聚为深中人最光荣的历史时刻。

在一代代深中人的不懈努力下，学校取得了令人瞩目的成绩，谱写了绚丽的华章。值得一提的是，2018年，杨天骅、薛泽洋、聂翊宸三位学生入选国际物理、化学奥林匹克中国国家队，入选人数全国第一。在第49届国际物理和第50届国际化学奥林匹克中，他们不负众望，获得金牌，为国争光。

成绩的取得并非一朝一夕，而是来自科学系统的设计、脚踏实地的落实和日积月累的坚持与探索。尤其是党的十八大以来，深圳中学在课程改革、拔尖创新人才培养、科技教育、国际教育、艺术教育、文化建设、服务社会等方面积极实践、硕果累累。

为了给学生搭建多元发展立交桥，为每个人提供适合的教育，深圳中学一直以来努力营造“人人皆可成才、人人尽展其才”的良好环境，遵照“学校按需施教、学生按需选学”的课程观，以标准、实验、荣誉三大课程体系为支柱，除基础学术课程外，学校还特别设立由认知技能、自我成长、文化审美等6个课程群构成的“深中文凭课程”。同时，还开设了20门与大学一年级水平相当的大学先修课程，以及包括国际高端学术课程、创新体验课程、社会实践与主题研究课程等在内的特色课程。

为了进一步丰富课程资源、拓展教育平台，截至目前深圳中学已与腾讯、华为、大疆、科大讯飞等著名企业共建 11 个创新体验中心，与中国科学技术大学、香港中文大学（深圳）、深圳大学、加拿大阿尔伯塔大学等高校共建 4 个创新实验室。丰富多元的平台不仅拓展了学生的学习空间，为教师提供了高端的专业发展平台，为学校创新教育教学提供了场地和专业设备支持，而且汇集了各领域的专业人员参与校本课程设计开发，进行学术讲座分享，指导创新教育实践和课题研究活动等，进而培养了师生的学术素养和专业精神。

为了开拓师生的学术视野，提升学科素养，深圳中学组织开办了“深中大讲堂”活动，定期邀请海内外知名学者来校讲学，让学生关注学科前沿，理解学科思想，培养专业精神；同时关注社会热点，陶冶艺术情操，拓展知识视野，提升审美情趣。近几期的主讲嘉宾包括南方科技大学副校长汤涛院士、北京大学原副校长王杰教授、诺贝尔化学奖得主阿龙·切哈诺沃博士、清华大学副校长薛其坤院士等。

为了促进学生的全面发展，培养学生的健全人格，深圳中学为学生提供了丰富多彩的学生组织、社团和校内外实践活动。目前，深中学生社团近百个，涵盖实践类、媒体类、社科类等 8 个类别。2018 年秋季入学后，新高一年级 60％以上的学生都根据自己的兴趣爱好加入了社团。同时，学校搭建了丰富的校园民主实践平台。此外，学校每学年组织学生开展江西井冈山红色革命之旅和湖南长沙伟人足迹之旅，促进学生深入理解革命历史，躬身践行社会主义核心价值观。

守正创新，追求卓越

在半个多世纪的历程中，深圳中学实现了从初级中学到完全中学、从农村中学到城市中学、从传统中学到现代化中学的历史性跨越。深圳中学的发展没有终点，探索与创新是深圳中学发展的永恒主题。致力于“培养具有中华底蕴和国际视野的拔尖创新人才”，这是深圳中学面临中国基础教育难题和“钱学森之问”，尝试寻求我国高中教育以及自身的历史性发展而展开的探索性教育实践。

七十年代同学在校门前合影

尽管我国的基础教育在改革开放的40年中取得了长足的发展，但是基础教育阶段对于创新人才培养的作用并未得到应有的重视，更未得到合理挖掘。随着我国综合国力的增强，拔尖创新人才的多寡已经成为制约我国深层次改革与发展的瓶颈性问题，而高中教育作为基础教育的末端，长期以来受应试教育的影响，总是难以摆脱“只知应试，不顾其他”的恶名。

拔尖创新人才的培养应始于基础教育。毋庸置疑，探索高中阶段拔尖创新人才成长的规律与相应的教育模式变革，需要新思路和新方法。深圳中学不断创新工作思路，于2017年与华为合作设立了“深圳中学-华为特殊人才奖”，致力于在初高中阶段发掘并资助在基础科学领域有特殊专长的天才、偏才、怪才，进一步加强拔尖创新人才的培养，助力他们成长为国家栋梁之材。现在，深中已启动“个别化教育计划”（Individualized Education Plan，IEP），该计划是根据学生的身心特征和实际需求拟定的针对每个有特殊需要及特殊才能的学生实施的教育方案，它既是有特殊潜能学生教育和身心全面发展的一个总体规划，又是学校未来针对其特质开展教育教学工作的指南。

此外，创新人才的发展需要创新资源的支撑。地处深圳这样一座铿锵前行在现代化国际化道路上的创新城市，深圳中学借助有利的地缘条件和优越的企业资源，已与顶尖企业和著名大学共建了14个创新体验中心和创新实验室。但是，学校目前在完备相应师资、开发精品课程等方面做得相对不足；深中未来会进一步提高创新资源的利用率，争取做到让每一个创新体验中心和创新实验室真正在校园落地生根，为教育教学增值，为学生成长赋能。

“基础教育是中国教育的基础，教师是基础的基础。”教师的工作关系到下一代的成长，关系到国家民族的未来。深圳中学的教师队伍是伴随着城市和学校的发展不断发展壮大起来的，尤其是20世纪八九十年代，大批优秀人才来到深中，为学校发展做出了巨大贡献。

著名教育家梅贻琦先生曾说：“学校犹水，师生犹鱼；大鱼前导，小鱼尾随。”这两年深圳中学的教师队伍发展又取得了新突破，大量国内外名校毕业生到深中工作。截至今年暑假，全校已有21个博士。只有一流的师资是不够的，还需要有适合一流师资发挥作用的“软环境”“软机制”——深圳中学不仅要成为学生成长的乐园，也要成为教育家成长的摇篮，只有打通了高学历高水平教师的发展通道，才有机会吸引和留住更多的优秀人才。因此，如何挖掘和释放每位教师的专业学术力量，让他们在三尺讲台一展研究所长，有所建树，这是深圳中学将来教师发展工作的重中之重。

改革开放 40 年，勇立潮头再出发。从雍睦堂的开埠到晒布岭与银湖山的开荒，从教育改革创新的开拓到世界一流高中新征程的开辟，都是深中人在中华民族复兴的伟大事业中，不同时代赋予包括广大校友在内的全体深中人的光荣使命。深圳人曾经用勇气与智慧摸索出一条改革开放的可行之路，深中人将继续发扬这种“敢为人先”的精神，用“建设中国特色世界一流高中”坚定而踏实的行动，回应国家民族对我们的殷切召唤，回馈城市与社会对我们的热切期待，为世界一流高中的建设贡献深中智慧和深中方案。

——本文刊发于《人民教育》2018 年第 23 期

1-6

科学编制“十四五”规划，推动优质高中可持续发展

科学编制学校发展规划，是每个学校回应时代要求、追求高品质发展的应有之义。“十四五”时期，是我国开启全面建设社会主义现代化国家新征程、向第二个百年奋斗目标进军的第一个五年，学校教育将承担重要任务与使命，也面临着重大挑战与机遇。深圳中学基于“建设中国特色世界一流高中”的办学定位和“培养具有中华底蕴和国际视野的拔尖创新人才”的育人目标，研制了《深圳中学“十四五”发展规划》(以下简称《发展规划》)。

《发展规划》的制定过程，是自下而上与自上而下的互动过程，是顶层设计与一线探索的深度融合过程，是“从群众中来”的集体智慧的共生过程。在规划编制中，我们紧紧抓住“三维逻辑起点”“五个着力要素”“四重保障机制”三个方面，不断提高规划的价值性、科学性和实用性，使得《发展规划》成为学校凝聚发展共识、进行高质量可持续发展的有效载体。

一、定位明确：学校构思发展规划的三维逻辑起点

用什么目标定位来凝神聚力，是一个全局性、方向性问题。一所学校在编制“十四五”规划之前，既要考虑学校所处的大时代背景，也要对标所在城市的发展定位，更要结合学校自身的历史积淀和发展基础，构建纵横清晰的坐标体系，编制具有城市特色和学校特色的“十四五”规划，推动学校更高质量、可持续地发展。

1. 基于对国家教育政策的准确解读

2021 年全国教育工作会议强调：“十四五”时期，我国教育进入高质量发展阶段，教育改革发展的外部环境和宏观政策环境已发生深刻变化，面临着新形势、新阶段、新理念、新格局、新目标、新要求。“高质量发展阶段”是教育领域对“十四五”时期我国所处历史方位作出的重大战略判断，为中小学在新阶段谋划新发展提供了根本遵循。“高质量”发展，首先一定是顺应时代潮流、服务社会、服务国家的发展。

“中国特色”“世界一流”是《发展规划》的核心要义和根本价值取向。2017 年，基于中国特色社会主义进入新时代和国家加快建设“双一流”的时代背景，深圳中学提出新的办学定位：建设中国特色世界一流高中。“中国特色”的教育必然是传承中华文化血脉、践行中国特色社会主义道路、服务国家发展的教育；“世界一流”的高中势必具有国际视野，能够为世界一流大学输送更多优秀学子，为国家、为人类培养更多杰出人才。

2. 基于对城市未来发展的需求分析

教育是民族振兴和社会进步的基石，是一座城市安身立命软实力的生动体现。一所学校总会带着其所在城市的深深烙印，学校编制“十四五”规划，一定要突出城市特色和学校特色。

从改革开放初期的“先行先试”到当前的“先行示范”，深圳再次肩负重大使命——成为中国建设社会主义现代化强国的城市范例。因此，深圳理应有一所世界一流的高中与之相匹配。在这个诞生了腾讯、华为等高科技企业，致力于将自己打造成“中国硅谷”的城市，却一直缺少一所具有世界影响力的高中。深圳中学希望和这些知名企业一样，成为深圳的地标性城市名片，这也是深圳中学提出“加快建成世界一流高中”的基本出发点和落脚点。

3. 基于对学校自身发展的理性认知

一切伟大成就都是接续奋斗的结果，一切伟大事业都需要在继往开来中推进。科学编制“十四五”规划的前提是对学校现有的基础和条件，尤其是优劣势进行综合考量和分析。

深圳中学在自身发展中有三个方面的比较优势起到很大作用。一是固有优势，比如地处深圳改革开放前沿阵地的区位优势，七十余年办学的文化优势和以人为本的理念优势，这类优势将长期支撑学校的未来发展。二是阶段性优势，也就是现阶段深圳中学拥有的优势，比如深圳中学改革奋进的领导班子，学校发展得到省、市各级领导及社会各界的大力支持等。三是潜在优势，也就是未来可以支撑学校发展的优势，比如从深圳中学毕业的优秀校友们的支持力量等。对标世界一流中学，深圳中学目前的发展还存在一定的现实差距，比如师资队伍的沉淀和提升、创新教育资源的深度开发和整合、课程建设的优化和完善等，这些方面都是深圳中学将要着力加强的工作要点。

二、学生中心：学校编制《发展规划》的五个着力要素

教育的核心理念是以人为本，即以学生为中心，它是指导学

校建设最根本的精神。围绕“学生综合发展”这一核心，《发展规划》的“发展内容”部分由管理、课程和师资三个维度组成，每个维度下面有四个行动计划，共十二项行动计划，其中“加强改进党的领导”“促进教师专业发展”“打造资优生孵化器”“整合创新教育资源”“建设世界一流校园”是深圳中学将要着力加强的五大要素。

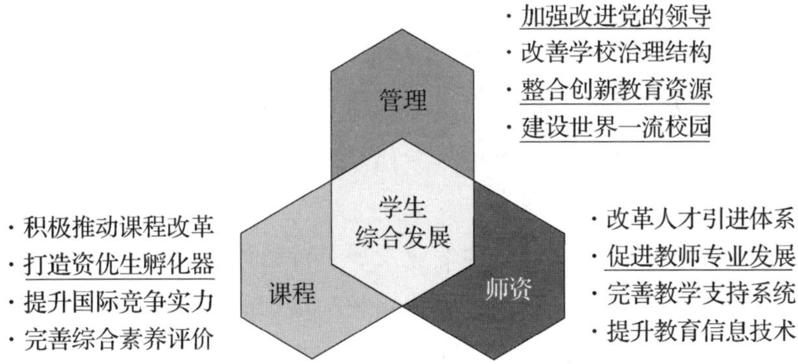

《深圳中学“十四五”发展规划》的发展内容

1. 铸魂育人，加强改进党的领导

面对百年未有之大变局，深入贯彻落实习近平新时代中国特色社会主义思想，为党育人、为国育才，是每一所学校应当坚守的初心和使命。2018 年 5 月 2 日，习近平总书记在北京大学考察期间指出：“办好中国的世界一流大学，必须有中国特色。”这同样为扎根中国大地建设世界一流高中指明了方向：世界一流的高中并不是“全盘西化”，而是坚守本真，继承民族特色。民族性是国际性的基础，民族的就是世界的；差异是发展的动力，没有民族特色就失去了交流的基础。民族性是文化的根，它也永远是学生综合发展的精神底色。

培养具有中华底蕴和国际视野的拔尖创新人才，是深圳中学的不懈追求和历史使命。为了弘扬社会主义核心价值观，形成积极向上的育人环境和舆论氛围，《发展规划》“加强改进党的领导”行动计划主要包括以下内容：构建卓越先锋党员队伍、建立规范高效党务机制、创建特色党员活动品牌、建设廉洁文明和谐校园等。

2. 引育并举，促进教师专业发展

一流的教师队伍是深圳中学建设世界一流高中最宝贵的战略资源。国以才立，业以才兴，一所中学只有师资队伍的整体水平达到了世界水平，才能够称得上是世界一流高中。引进国内外高层次人才是优化师资结构的重要途径，引育并举是打造一支高素质教师队伍的关键所在。

《发展规划》“促进教师专业发展”行动计划主要包括以下内容：健全师德建设长效机制、提高教师培训的有效性、提高教师科研水平发展等。“大鱼前导，小鱼尾随”是清华大学老校长梅贻琦寄语师生之谊的名言，这同样可以成为中学教育方阵发展态势的描摹。吸引高层次人才是基础，大力发挥专家型教师的学术引领作用，鼓励青年教师将本身已具备的学术形态较快转换为教学形态，进而培养一批研究型教师，这是促进教师专业提升的可持续发展动力。

3. 软硬并施，打造资优生孵化器

为了走出中国在世界科技竞争领域“被卡脖子”的困境，拔尖创新人才的培养迫在眉睫、刻不容缓。《发展规划》中“建设思路”部分包括深圳中学建设世界一流高中的品质定位、实力定位和特色定位，其中对“特色定位”的解读为：形成深圳中学特色的拔尖创新人才培养教育品牌，打造世界一流的“资优生孵化器”。

《发展规划》“打造资优生孵化器”行动计划主要包括以下内容：完善资优学生识别体系、改善资优学生成长环境、优化资优学生评价方案等。在软件方面，深圳中学计划通过建立资优生综合能力数据库，改进现有评价（考核）方案，建立资优学生的甄别方案，使资优生的甄别工作更加精准；完善现有资优生评价机制，结合学校综合素养评价平台，对学生进行多元化评价，建立家校定期沟通机制，及时对每一个学生的培养、未来规划“量身定做”，并做好持续跟踪记录，完善评价反馈体系。在硬件方面，学校需要为资优学生的身心健康创设更优越的条件，不断提升教学服务的质量和水平，例如配备更先进的物理、化学、生物学、信息学、天文学等竞赛实验室和创新体验中心等；与高校、企业合作，打通发展空间，构建完整的教育链；充分利用校园自媒体，丰富资优学生的校园生活，促进家校合作。

4. 文化赋能，整合创新教育资源

深圳中学一方面围绕创新能力的培养，以教学改革为基础，把彰显个性、培养学生的创新精神和创造能力作为人才培养模式改革的重要突破口；另一方面与著名高校、企业共建19个创新实验室和创新体验中心，开设一系列创新体验课程，并鼓励学生参加社会实践和科技创新竞赛。

《发展规划》“整合创新教育资源”行动计划主要包括以下内容：构建创新教育特色路径、完善创新活动支撑体系、营造和谐的创新教育文化，其中创新教育的“文化赋能”对于创新教育资源整合至关重要。创新文化的孕育与生成不仅需要宏观层面国家政策的引导和支持，而且还需要中观维度学校的制度保障和文化熏陶，以及微观视角下教师的理念认同和践行。

5. 建筑表达，建设世界一流校园

一流的校园环境是深圳中学建设世界一流高中最基本的物质保障。物质文化是精神文化的基础，一流的校园环境有助于促进一流校园文化的形成。“建筑表达”是环境育人的重要表达，整洁舒适的校园环境会让人产生蓬勃向上的动力，能激发学子追求上进、提升自我的信心。学校是教书育人的地方，校园环境是校园文化最为直接的体现，校园中的每一座建筑、每一处景点，都能成为一种思想的传递、一种文化的表达。建设一个和谐优雅的校园环境，有利于学生身心健康地成长，有利于提高教职工的工作效率。

《发展规划》“建设世界一流校园”行动计划主要包括以下内容：形成标准规范管理机制、创建绿色生态校园环境、配备先进完善硬件设施、构建稳定和谐的安全管理体系等。

三、确保落地：学校实施《发展规划》的四重保障机制

为了落实《发展规划》，深圳中学从组织、制度、资源和政策等方面强化实施保障，确保目标任务顺利完成。

1. 组织保障

确保《发展规划》落实的保障组织，包括规划制订与实施领导小组和督导评估领导小组。其中，前者负责规划制订和实施工作的整体统筹和协调，组长为校长，副组长为副校长和校长助理等校级领导；后者负责对规划实施情况进行阶段检查和考核，组长仍为校长，副组长为副校长和校长助理等校级领导以及教师、学生、家长、校友代表等。

2. 制度保障

确保《发展规划》落实的保障制度，包括教职工代表大会制度和跟踪监测、检查及评估制度。一方面，规划的制订需要尊重每位教职工对建设方案的发言权，认真听取和吸收教职工代表大会对规划方案的意见和建议；另一方面，学校要加强对规划实施的组织、协调和督导。鉴于此，深圳中学制定完成《深圳中学“十四五”发展规划督导评估工作方案》，运用自我评估和第三方评估、过程性评估和终结性评估，构建依法办学、自主管理、民主监督、社会参与的督导评估制度，全面提升学校管理、教育和学习的质量，不断追求卓越品质。

3. 资源保障

关于确保《发展规划》落实的保障资源，学校一方面争取大学和名企的专业支持，另一方面邀请专家、学者等进行专业指导。截至目前，学校与北京大学、清华大学、南京大学等高校共建 9 个创新实验室，与腾讯、华为、大疆等企业共建 10 个创新体验中

心，这些资源为学校建设提供了强力保障和专业支持。

4. 政策保障

一方面，深圳中学积极争取各相关政府部门的政策指导，建立以总体规划为总领，分项规划、专题规划为支撑，部门规划为基础的发展规划体系，形成规划合力，各司其职、齐心合力，确保各项任务高质量完成。另一方面，深圳中学积极争取各相关政府部门的经费支持，坚持规划先行，以规划定项目；实行项目带动，以项目定预算，规范各个项目的论证审批制度，加强学校财务预算与规划实施的衔接协调。

“凡事预则立，不预则废。”学校“十四五”发展规划需要在新时代背景下找准定位和方向，结合地域优势和学校特色，从而服务于学校管理水平提升和办学质量飞跃。

——本文刊发于《中小学管理》2021 年 3 月刊

1–7

奋楫扬帆风正劲，长风浩荡启新程

——在续任深中校长会议上的发言

2022 年 11 月 21 日，深圳市教育局陈秋明局长在深中主持召开干部大会，宣布朱华伟同志延迟退休，继续担任深圳中学党委书记、校长五年的决定。下文为朱华伟校长在会议上的表态发言。

尊敬的各位领导、各位同仁：

大家下午好！

首先，感谢深圳市委市政府、市教育局对我的信任，让我继续担任深圳中学党委书记、校长。2016 年 12 月，深圳市教育局任命我为深中校长。2017 年 1 月，怀着在“南中国”建立一所比肩人大附中、上海中学，“国内领先、世界一流”高中的梦想，我来到深中正式上任。风雷动，旌旗奋。六载光阴过去，弹指一挥间，感慨万千。

2017 年 11 月，在中国特色社会主义进入新时代和国家加快建设“双一流”的背景下，我在深中建校七十周年纪念活动上庄严宣告：“建设中国特色世界一流高中，培养具有中华底蕴与国际视野的拔尖创新人才”，新的办学定位和培养目标得到省、市领导及社会各界的高度认可。五年来，我们坚定目标、抓细抓实，围绕拔尖创新人才培养，在办学理念、师资队伍、课程改革、校园文化、国内高考、学科竞赛、国际教育、科创教育、艺体教育、服务社会、硬件建设等方面做了大量的探索和实践，实现突破性、跨越式发展，赢得社会各界的广泛认可和普遍赞誉。

一、优化人才布局，引育并举打造卓越师资队伍

秉承“让最优秀的人教育下一代，培养出更优秀的人”的理念，深中不遗余力广纳贤才。目前有博士教师100余人，清华、北大毕业的教师100余人，哈佛、麻省理工、牛津、剑桥等海外顶尖名校毕业的教师60余人，教授、特级教师、竞赛金牌教练、名班主任30余人。学校已经形成一支热爱教育事业，教学业绩突出，学术水平扎实，结构合理的老、中、青相结合的师资队伍，教师整体水平全国领先。

为助推青年教师的专业发展，学校通过“青蓝工程”“树人工作室”“学科研究室”等项目，为每个青年教师配备教学导师、班主任导师等。深中教师教科研成果丰硕：2017—2021年共发表论文230篇，出版著作133部，新立项课题28项，获国家级、省级教学成果奖7项，在教学、论文、命题等比赛中获奖励219项。在关注青年教师专业发展的同时，我们勇于打破传统论资排辈的条条框框，推出“青年教师领导力培训项目”，安排青年教师进行行政跟岗实习。

二、融合课程资源，大力推动创新教育优质发展

本着“为学生搭建多元发展立交桥，让每个人都有出彩机会”的课程理念，动员青年教师开设高水平课程。目前有校本选修课360余门，涵盖哲学、文学、史学、数学、物理学、化学等多个学科领域，内容层次延伸到大学、研究生水平，其中由博士教师

主讲的深中博士讲堂别具特色；邀请菲尔兹奖获得者丘成桐院士、诺贝尔奖得主罗杰教授和阿龙教授、西湖大学校长施一公院士、时任清华大学副校长薛其坤院士等海内外著名科学家，科大讯飞董事长刘庆峰、比亚迪董事长王传福等著名企业家莅临深中大讲堂，为师生带来学术盛宴；与华为、腾讯、大疆等国内顶尖企业和清华、北大等著名大学共建 23 个创新体验中心和创新实验室——丰富多元的平台不仅拓展了学生的学习空间，为教师提供了高端的专业发展平台，而且汇集了各领域的专业人员参与校本课程设计开发，进行学术讲座分享，进而培养了师生的学术素养和专业精神。

三、全面立德树人，落实新时代的人才培养目标

国内高考，全省第一。2022 年创历史最高纪录，物理类考生 10 人进入全省前 50，20 人进入全省前 100；历史类考生 73 人，7 人进入全省前 100；国内高考方向毕业生达到中山大学录取分数线率从 2016 年的 41%增加到 72%，清华、北大录取人数从 2016 年的 22 人增加到 47 人。海外升学，全国领先。2022 年，U. S. News 排名前 10 的美国大学录取 13 人；美国常春藤大学录取 8 人；U. S. News 全美前 30 的大学录取 58 人，录取率 73%；U. S. News 全美前 50 的大学录取 79 人，录取率 100%。五年来，在作为顶尖中学学术实力角逐场的国际中学生奥林匹克中夺得金牌 5 枚；获 2020 年丘成桐中学科学奖全球总冠军；6 人入选首批清华大学丘成桐新领军计划，全国第一；在 2022 年全国高中数学、物理、化学竞赛中，省前十名深中依次占 6 人、5 人、6 人，包揽全省个人第一、省队人数全省第一、全国一等奖人数全省第一。同时，深中学子在其他国际性学术与科技竞赛中均取得国际

国内领先的突出成绩；合唱团、舞蹈团、管乐团、民乐团在国内享有盛誉；在 2022 年首届深圳市四校体育联赛中，获得篮球、足球、羽毛球、围棋、无线电测向所有项目的团体第一，分数遥遥领先。这些耀眼的成绩和荣誉，无不关联着追求世界一流的强大实力与拔尖创新人才成长的梦想与荣光。

四、坚持以人为本，大幅提升全体师生幸福指数

本着“校长为学校老师服务，校长和老师一起全心全意为学生的发展服务”的管理理念，克服重重困难，着力推动硬件设施的改善，优化师生的工作、学习环境，仅用两年多时间使东门校区校园环境得到大幅提升：青年教师公寓、新食堂、新宿舍、新实验室、新媒体中心、新监控室、新图书馆、新羽毛球馆等相继投入使用。

为了督促深中泥岗新校区的建设，我不顾工地机器的日夜轰鸣，租住在工地旁边两年半。新校区经过两年半艰苦卓绝的建设历程，尤其是在疫情期间攻坚克难，终于在 2020 年 9 月 1 日如期开学。深中新校区气势恢宏、典雅端庄，具有世界名校的气度和风范，成为新时代深圳的打卡地和深中人成长的精神家园。新校区开学第一年，我们完成了深中历史上第一次大规模的扩招——面向全市招收高一人数从 800 人增加到 2 140 人，从 16 个班增加到 43 个班；同时完成了第一届“华为-深中数理实验班”省班的招生，此后又相继开办了丘成桐少年班和港澳子弟班。

2020 年 12 月 24 日，初中部拆除扩建工程开工，在开工仪式上，我百感交集、五味杂陈，说了这样一段话：“一直以来，深中初中部所取得的卓越成绩与它落后的硬件条件是极度不匹配的。回想第一次看到深中初中部简陋的教室、食堂、卫生间……我不

敢相信，在中国最富裕城市的最好中学的初中部里，竟然是如此艰苦的办学环境。所以，我们克服重重困难，坚持对深中初中部进行改扩建，这不仅是为了给师生营造更好的教育环境，更重要的是为我们深圳未来的发展培育后备人才以及引进高水平人才贡献力量。”在疫情重重困难和各种挑战的考验下，初中部2022年9月完工交付深中。

五、聚焦内联外合，引领深圳基础教育共享共荣

为了充分利用优质资源，发挥龙头学校的示范引领和辐射带动作用，深中先后与南山、坪山、光明、福田、龙华、龙岗、大鹏等区开展合作办学，为全市教育优质均衡做贡献。同时，不断协同力量，整合优质资源。2018年，携手华为发掘天才、偏才，推动建立“深圳中学-华为特殊人才奖”，合力培养拔尖创新人才；2019年，与腾讯公司就“深中智慧校园”的落地应用和青少年科技人才培养达成合作；2020年，与北京大学共建北大数学后备人才培养基地；2021年，与美国普林斯顿国际数理学校结为友好学校，与北大、清华共建博雅人才共育基地（深圳市唯一）、基础学科拔尖创新人才大学中学衔接培养基地（深圳市唯一）。

六、讲好深中故事，增强深圳教育的全国影响力

近六年来，我一心扑在工作上，风雨兼程，不舍昼夜，为了深中发展不辞辛苦、任劳任怨。自2017年开始，围绕学校建设、学生德育、教师发展等主题在《人民日报》《中国教育报》《人民教育》《中小学管理》等权威报纸和期刊发表论文20余篇，讲好深中故事，传播正能量。2020年6月，《南方日报》刊发专访文章《深中校长朱华伟：加快建成世界一流高中》，阅读量500

万+。出版著作《上善之教》《数学为美》，策划《走进著名大学》（目前已出版 2017 年、2018 年、2019 年、2020 年、2021 年卷，共 5 册），为学生编写教材 20 余册，荣获全国首届教材建设奖。

近六年来，深中在建设发展的快车道上披荆斩棘、乘风破浪，以一系列可圈可点的成绩和荣耀彰显了气势磅礴的“深中力量”，在全方位、高品质发展中聚沙成塔，荣誉满载，为提升深圳基础教育在全国的影响力作出了应有贡献。2017 年获评第一届全国文明校园、第二批全国心理健康教育特色示范校，2018 年获国家级教学成果奖，2019 年荣获深圳市市长质量奖特别贡献奖（史上唯一获此殊荣的学校），2022 年获全国五一劳动奖章、成为世界顶尖科学家协会世界顶尖中学联盟创始成员校，个人担任首届副理事长。

近六年来，深中全体师生的精神风貌越来越朝气蓬勃，逐渐形成科学民主、开放包容、多元和谐、生动活泼的校园文化氛围，全校上下心往一处想、智往一处谋、劲往一处使，大家齐心协力、只争朝夕，都在为实现世界一流高中的愿景而努力。深中的发展也得到了省、市领导的关注和认可。2020 年 4 月 24 日，时任省委书记李希、省长马兴瑞、市委书记王伟中、副省长覃伟中、省教育厅厅长景李虎等省、市领导莅临深中，对学校近年来的大跨步发展给予高度肯定。2022 年 8 月 9 日，全国政协副主席辜胜阻莅临深中对学校高度赞扬：“北京的所有好学校我都去过，深中的硬件和软件是全国最好的，办学理念世界一流。”在这里，我要特别感谢市委市政府的高瞻远瞩、布局谋篇，感谢市教育局对深中各项工作的正确领导和大力支持，感谢深中每位教职员工的扎实工作、敬业奉献，你们的认可和努力是深中继续自信前行的不竭动力。

奋楫扬帆风正劲，长风浩荡启新程。目前，学校正在以日益可见的进步，向着越来越好的方向发展——这是深中蕴藉沉淀七十余年水到渠成的厚积薄发，亦是这座城市给予她的十足底气和磅礴力量。党的二十大已经吹响了全面建设社会主义现代化国家、全面推进中华民族伟大复兴的奋进号角，明确提出“着力造就拔尖创新人才”。伟大的事业需要伟大的精神，我定将带领全体深中人继续发扬“追求卓越，敢为人先”的精神传统，保持一张蓝图绘到底的定力，不负众望、砥砺前行——

继续锤炼办学思想：坚定中国特色，瞄准世界一流，基于学术化视角将深中探索世界一流高中建设的实践与经验进行梳理、总结、提炼、升华，逐渐形成系统化、结构化、科学化办学理念体系。凝练的办学思想不仅可以更好地指引深中的前进方向，也为更多学校的发展提供深中智慧和深中方案。

继续优化师资队伍：强化师德教育，保持风清气正的育人环境；打造高水平、高素质干部队伍，不仅为深中教育集团可持续发展储备人才，更为深圳基础教育的优质均衡、扩容提质做出应有贡献；用好、培育好、发展好深中近年来引进的一大批高水平青年人才，在高端学术和一线教学之间搭建桥梁，让教师在岗位上有幸福感，在事业上有成就感，在社会上有荣誉感。

继续推进课程改革：开发更多高水平、有特色深中校本课程，为学生提供丰富、多元、优质课程选择；完善艺体课程和四大艺术团队建设，足球、羽毛球、网球、乒乓球等项目争取实现新突破，在全国权威赛事摘金夺银；优化升级配套设施，在负一层建设科创中心和体育场馆，为学生发展提供广阔平台。

继续加强人才培养：通过建立资优生综合能力数据库、资优生甄别方案和个性化培养方案，完善资优生评价机制等方式，着力打造深中资优生孵化器，培养一大批堪当民族复兴大任的拔尖创新人才，着力为诺贝尔奖、菲尔兹奖等顶尖科学大奖在深中的生根萌芽培植沃土。

继续涵养校园文化："文化是一个国家、一个民族的灵魂。文化兴国运兴，文化强民族强。"对于一所学校亦然。深中优秀的校园文化是深中的宝贵财富，下一步会继续加强精神文明建设和物质文明建设，上下齐心、双管齐下，守正创新，追求卓越，以深厚先进的校园文化赋能学校高质量发展。

继续增强国际影响：积极在新形势下探索可行性国际交流渠道，丰富学生高端学术活动门类，保持海外升学优势；以加入世界顶尖科学家协会世界顶尖中学联盟为契机和平台，加强与世界一流学校的交流与合作，提升深中在全世界的影响力。

"自古以来，我们就有埋头苦干的人，有拼命硬干的人，有为人民请命的人，有舍身求法的人……这就是中国人的脊梁！"鲁迅先生的这段话是我一直以来的心灵坚守和不懈追求。感恩这个伟大时代，感恩这座先锋城市，感恩组织给予的平台。在新征程上，我定不辜负党和组织的信任，竭尽所能、在所不辞，带领深中加快实现中国特色世界一流的办学目标，大力培养具有中华底蕴与国际视野的拔尖创新人才，为深圳在新时代再创新局、再谱新篇作出新的更大贡献。

谢谢大家！

2022 年 11 月 21 日

1–8

深圳中学：以“科教融合”提升学校科学教育水平

加强科学教育、提高学生科学素养是青少年成长发展的需要，也是培养国家高水平科技创新人才的需要。2017 年，广东省深圳中学提出：“建设中国特色世界一流高中，培养具有中华底蕴与国际视野的拔尖创新人才。”自此之后，学校以“科教融合，创享未来”为理念，以提升学生科学素养和科学志趣为目标，实施人才、课程、生态三重力量驱动，全面提升科学教育水平，加强拔尖创新人才自主培养，为解决我国关键核心技术攻关提供人才支撑。

科教融合一直被视为高等教育改革的方向，如今我国科教融合正在从高等教育向基础教育领域延伸。中国科学院院士、清华大学物理系教授朱邦芬在 2023 年清华大学校友基础教育论坛上说：“杰出创新人才的培养与中小学教育有着非常密切的关系。从某种意义上说，中学对人的塑造、对一个人全面素质的培养，是人才成长中最关键的一环。”在基础教育阶段通过科教融合的方式提升科学教育水平，不仅是落实立德树人根本任务和党的二十大统一部署的应有之义，更是在为中国乃至世界未来发展培养更多拔尖创新人才厚植成长沃土。

一、人才驱动：谋划世界一流的师资格局

教师是教育发展的第一资源，是立教之本，师资队伍建设是提高科学教育质量的首要因素。

其一，吸纳优秀人才，以创新型、学术型教师引领学生科学素养提升。深圳中学在教师队伍建设方面，坚持“用优秀的人教育下一代，培养出更优秀的人”，践行以人为本的管理理念，努力营造宽松和谐的工作氛围，在生活上关心他们，在工作上帮助他们，在思想上引领他们。目前学校有博士教师 100 余人，清华、北大毕业的教师 150 余人，哈佛、麻省理工、牛津、剑桥等海外名校毕业的教师 80 余人。例如：教授“天文学基础与前沿”的胡剑老师是清华大学博士、德国马普天体物理研究所博士后，教授“Python 编程与智能硬件”的高阳老师是本科、硕士、博士都在清华大学就读的“三清”博士。这些创新型、学术型教师经历过严格的学术训练，都能够独立进行学术研究，开展科研实践。因此，他们在从事科学教育的过程中会更加倡导研究性教与学，不是把知识作为既定的东西教给学生，而是使教学成为一种探索、创造的过程，从而启发学生的创造性思维，引领学生创造性地运用新知识、新方法，不断拓宽视野，提高创新意识，养成科学精神。

其二，提供多元平台，彰显高学历教师的教育教学优势。为了进一步发挥博士人才的专业优势及在学校高质量发展中的引领作用，深圳中学首创项目制博士工作室，探索高水平人才组团式发展。首批成立的深圳中学博士工作室共七个，分别为丘成桐中学科学奖博士工作室、清华数学领军计划博士工作室、清华物理攀登计划博士工作室、北大物理卓越计划博士工作室、港澳课程研究博士工作室、iGEM 博士工作室和科技创新博士工作室，涵盖数学、物理、化学、生物、信息、科技创新等多个学科领域。博士工作室以项目制为载体，通过跨学科博士共同携手，聚焦拔尖创新人才培养，围绕课程建设、学生发展、教育教研开展相关工作。

诺贝尔化学奖得主罗杰·科恩伯格与深中师生合影

其三，拓展校外资源，为科学课程实施提供强力支持。深圳中学不仅拥有世界一流的校内师资，而且有校外的学者、专家为课程引导和护航。例如：每月举办一次的深圳中学大讲堂，曾邀请诺贝尔化学奖得主阿龙·切哈诺沃、罗杰·科恩伯格，菲尔兹奖、克拉福德奖、沃尔夫奖得主丘成桐院士，清华大学校长王希勤教授，西湖大学校长施一公院士，比亚迪董事长王传福等海内外著名学者、企业家为学生开设科普讲座，内容包括“我的科学生涯”“数学中的真与美”“突破利基，融通中外”“结构之美”“比亚迪的梦想和责任”等。此外，学校的科创教育中心还与相关专家建立长效合作机制，开发并实施适合高中生修习的课程。

二、课程驱动：构建多元高端的科学课程

深圳中学科学课程设计与实施的特点主要体现在前沿性、系

统性、综合性、实践性和人文性五个方面。

其一，前沿性。科学一直在迭代更新，这也是科学的魅力所在。科学教育在科学知识的传授方面，尤其要重视对前沿的、正在创造之中的科学知识的关注，让最前沿的科技以学生易于理解、乐于接受的方式进入课堂。例如：每周四下午，深圳中学博士教师会聚焦世界科技前沿，面向学生开设一场深圳中学博士讲堂，涉及的领域包括数学、物理学、化学、生物学、语言学、医学等。再如：罗天挚老师开设的选修课“神奇的新材料”旨在介绍最前沿的材料科学研究，如碳纳米管、超导体、石墨烯、形状记忆合金等。罗老师在课上不仅通过实验探索新材料的奇妙性质、制备方法和应用，而且通过案例介绍新材料在工业和科研中的实际应用，同时引导学生阅读最新的学术论文和研究报告，了解材料研究进展，为学生未来的学术和职业发展打下坚实的基础。

其二，系统性。科学素养的提升需要从小抓起，进行全方位贯通式培养。在初中阶段，深圳中学与丘成桐院士合作设立丘成桐少年班，开设的必修课程包括数学竞赛基础、信息竞赛基础、腾讯 DN. A 网络素养课程等，选修课程包括以认识城市与生态环境为主题的人文素养课程，以及数学、物理、化学、生物、信息学竞赛课程等。高中阶段设立华为-深圳中学数理实验班、数理英才班等。以深圳中学数理英才班为例，在国家必修课程的基础上，第一学期开设微积分、普通物理学等大学先修课程；从第二学期开始，根据学生的兴趣方向，数学方向开设数学分析、高等代数、群论初步、微分方程等课程，物理方向开设物理竞赛、理论力学、热力学、统计物理、电动力学、量子力学等相关课程。

其三，综合性。科学教育不是寓于单一学科中，而是需要通过跨学科、多学科融合交叉的探究性课程学习去实现。以深圳中学每年都会指导学生参加的国际基因工程机器大赛（International Genetically Engineered Machine Competition，iGEM）为例，在这项比赛中学生不仅能应用生物实验技能，还锻炼了编程、建模、工程、社会调查、媒体运营等方面的能力。2021 年深圳中学代表队的研究项目为“Gum Over（终结口香糖）”，聚焦城市街道上难以清除的口香糖问题。首先，学生通过实验证明两种生物酶可以分解口香糖中难以被降解的成分，决定开发一种基于生物酶的口香糖清洁剂。然后，负责实践调查的学生发现夏季地面温度普遍超过了生物酶的活性范围，为了提高酶的热稳定性，学生设计改造蛋白的实验，利用理性设计和定向进化的方法设计了突变的酶。最后，负责运营的学生策划了线下艺术展和公众演讲，提高了公众对公共健康和城市卫生的意识。这个由学生视角出发的项目，以生物实验为主线，结合工业设计、社会调查、活动策划等方式，既提高了学生的跨学科学习能力，又培养了学生对社会问题的思考能力，提升了学生的综合素养。

其四，实践性。中国传统的教育重书本知识，重口头讲授，缺少对动手实践能力的重视；而大脑的开发、思维的开拓都要通过动手去实现，要产生创新思维，就要不断通过自己的双手去实践。以朱峰老师开设的“智能机器人”课程为例，该课程涉及的基础知识和技能包括机器人的构造、电路、程序设计和传感器应用等，课程实施通过理论学习和实践操作相结合的方式进行。学生们会在课堂上学习机器人原理，了解基本的电路、控制和编程知识，然后亲手搭建机器人、编写程序、进行调试和优化等。这些实践活动有助于学生熟悉机器人的构造和工作原理，提高学生的实际操作能力和技能，进而参加各类机器人竞赛，提高解决问题的能力、工程思维水平和团队协作意识。

其五，人文性。科学教育是有温度、有情感的教育，教师不仅要引领学生了解科学世界，更要引导他们关联并关怀生活世界。一方面，历史上的科学家和他们的科学发现及其对时代的影响，科学家在研究过程中所经历的挫折、失败都是科学教育的重要内容。“数学课里有华罗庚，物理课上有爱因斯坦，化学课里有拉瓦锡……”这是我常和学校各科教师强调的内容。另一方面，我国优秀传统文化和科学历史文化等内容也是学校科学教育关注的重点。我校开展了一系列别具特色的校本课程学习和实践活动，包括党史学习、爱国教育、劳动教育、生存技能等课程，引导学生涵养中华底蕴，厚植家国情怀。此外，学校还充分利用新校区大面积的白墙，完成数学之美、物理之美、化学之美、生物之美、天文之美、AI 之美、机械之美等文化墙的设计，让学生在耳濡目染中了解科学史以及科学的本质、科学与人类的内在联系，揭示科学丰富的人文内涵，让学生无时无刻不受到人文熏陶，沉浸于

"无声课堂"。例如:"数学之美"文化墙的内容涵盖中国古代数学家刘徽与祖冲之的生平与故事,圆锥曲线和双螺旋线的定义与结构,麦克斯韦方程与相对论和量子物理的密切关系等。

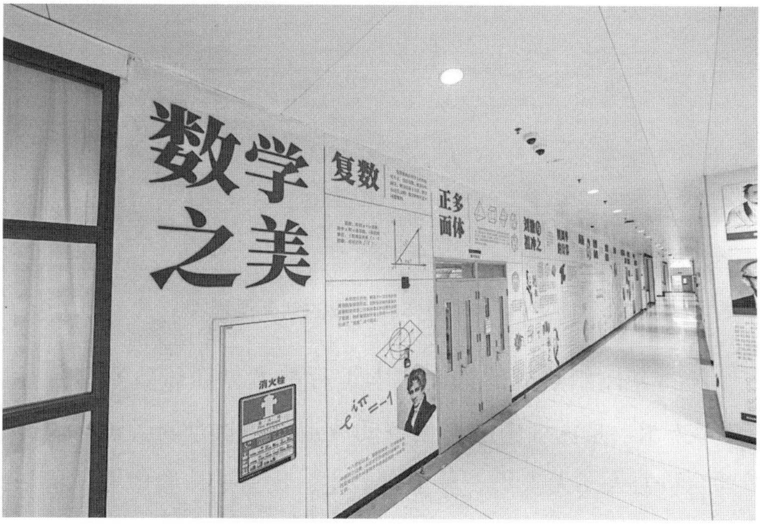

三、生态驱动:营造良好互动的创新生态

科学的本质是创新,科学教育的灵魂就是要形成一种创新的生态。良好的创新生态不仅需要基础设施等硬件支撑,还需要形成创新驱动发展的制度安排、环境保障和文化氛围。

其一,提供支持科学探索的条件保障。深圳中学融合优质资源,与华为、腾讯等著名企业,以及清华、北大等著名高校共建23个创新体验中心和创新实验室,并成立专门的科创教育中心,统筹各中心和空间规划、课程设计等。近年来,学校基于这些平台新开设创新课程25门,其中我校教师独立开发13门,与大学、企业合作开发12门,包括"深中-腾讯AI+""Python编程与人工智能""生活中的经济学"等,涵盖人工智能、计算机科学、物理学、天文学、生物学、经济学、管理学等多个领域门类。

科创课程

Science and Innovation Course

序号 No.	科创课程名称 Name of Science And Innovation Course		分类 Category	
1	深中腾讯AI+	SMS Tecent AI	人工智能	AI
2	Python编程与人工智能	Python Programming and Artificial Intelligence	人工智能	AI
3	Python编程与智能硬件	Python Programming and Intelligent Hardware	人工智能	AI
4	智能机器人	Intelligent Robot	机器人	Robotics
5	Robomaster机器人与人工智能基础	RobotMaster-Fundamentals of Robotics and Artificial Intelligence	机器人	Robotics
6	数字图像处理基础	Fundamentals of Digital Image Processing	计算机	Computer
7	网络安全基础	Network Security Foundation	计算机	Computer
8	电脑创艺	Computer Creative Design	计算机	Computer
9	视频制作	Video Making	计算机	Computer
10	Rhino曲面建模	Modeling with Rhinoceros	设计	Design
11	一起来小发明	Gizmo with Building Blocks and Sensors	设计	Design
12	生成艺术与创意科技制作	Introduction to Generative Art and Creative Technologies	设计	Design
13	Innovative Maker 创客赛道	Innovative Maker	设计	Design
14	生活中的经济学	Economics in Daily Life	经济金融	Economic&Finance
15	走进证券投资	Introduction of Security Analysis and Investment	经济金融	Economic&Finance
16	学生公司	Junior Achievment: Student Company	经济金融	Economic&Finance
17	博弈论基础	Game Theory	经济金融	Economic&Finance
18	走进新能源汽车	Introduction to New Energy Vehicles	工程	Engineering
19	近代物理	Modern Physics	物理	Physics
20	太阳能光伏发电与生活	Solar Photovoltaics and Life	物理	Physics
21	走进核电站	Approaching Nuclear Power Plants	物理	Physics
22	天文学基础与前沿	Fundamentals of Astronomy	物理	Physics
23	无线电测向	Radio Direction Finding	科技体育	Scientific Physical Culture
24	建筑结构设计	Structural Design of Architecture	建筑学	Architecture
25	脑科学进校园	Neuroscience for Kids	生物	Biology

深圳中学近年新开设的创新课程

2023 年刚刚落成的深圳中学工程技术创新体验空间占地逾 800 平方米，是深圳中学科创空间改造的一次全新尝试，内部有机整合机器人、无人机、量子实验室、比亚迪体验中心、清华大学朱邦芬院士工作站等多个空间。工程技术创新体验空间有助于教师在教学中开展学科融合和全链条整合，实现学生的跨学科学习和跨领域思考，不仅通过物理空间上的集聚提高了“科研密度”，而且提高了“创新浓度”。同时，各大学和企业也为学生提供了多元丰富的校外实践空间，如大亚湾核电站、深圳市天文台、深圳证券交易所，以及比亚迪、华大基因等企业，真正实现“校园无围墙，课堂无边界”。

其二，形成鼓励创新创造的文化氛围。物质文化是基础，精神文化是内核。习近平总书记在中共中央政治局第五次集体学习时强调：“基础教育既要夯实学生的知识基础，也要激发学生崇尚科学、探索未知的兴趣，培养其探索性、创新性思维品质。”六年多来，深圳中学将科教融合的理念贯穿教育活动全过程，倡导“处

深圳中学工程技术创新体验空间

处是创造之地，天天是创造之时，人人是创造之人”的教育思想，鼓励学生善于奇思妙想并努力实践，以创造之教育培养创造之才。学校因此逐渐形成了科学民主、多元和谐、开放包容的校园文化氛围。在这样的文化熏染中，深圳中学学生不仅提升了科学素养，而且在内心播下科技创新的种子，历年来在科学研究和各种国内、国际科技创新大赛中均取得优异成绩。

我们认为，学生接受科学教育的过程不仅是体验前沿科技创新、感悟科学精神和科学家精神的过程，更是关心社会、关怀世界、获得切实成长的过程。2023 年，凭借“普易筛”项目入选国际科学与工程大奖赛中国国家队的田一丁同学说，“普易筛”帕金森病早筛仪器项目的源起是他在网络上看到一段 1996 年奥运会开幕式的短视频。视频里 54 岁的拳王阿里右手高举奥运火炬，而左手却在不停地颤抖。他说：“我的内心感受到了极大的冲击，作为一个世界级拳王，双手理应是阿里最信赖的武器，但帕金森病居然让拳王无法自主控制自己的双手。”非常幸运的是，田一丁同学

带着疑问碰巧选修了英国南安普顿大学博士胡楠老师的综合性科研课程。胡老师启迪他用静电场电势检测的办法进行易普及的帕金森病早期筛查，进而有了后来的成果“普易筛”项目。除了项目本身取得的出色成绩，学生通过此项目展现出的人文关怀、获得的精神成长更加难得和宝贵。

教育是为未来培养人的，我们今天培养怎样的学生，就会创造怎样的未来。为此，深圳中学将一如既往地行走在“科教融合，创享未来”之路上。

——本文刊发于《中小学管理》2023 年 6 月刊

1-9

张弛有度，主动留白：论深中“留白”文化

王国维在《人间词话》中这样开篇：“词以境界为最上。有境界则自成高格，自有名句。”毛泽东曾指出：“人是要有一点精神的。”一所学校同样如此，学校应以精神为最上，有精神，则自成气象，自有风格。

一所学校的风格和文化，影响孩子的一生。办学特别需要好的文化氛围，拿“泡菜”打个比方，泡菜的味道决定于泡菜水，泡菜水好，无论是白菜、萝卜、黄瓜，泡出的味道都好。通过多年的努力和探索，深中逐渐形成了科学民主、开放包容、多元和谐、生动活泼的校园文化，而形成这样文化的背后是深中在学生管理方面一以贯之的理念：“张弛有度，主动留白”。正如苏霍姆林斯基所说：“只有让学生不把全部时间都用在学习上，而留下许多自由支配的时间，他才能顺利地学习，真正的教育是学生的自我教育。”

“留白”，是基于长期主义的视角，是尊重人性、尊重教育规律，为学生的终生发展考虑，而不是短视地只考虑眼前的分数和排名——高中三年是一个人人生观、价值观、世界观形成的关键时期，在高中阶段接受良好、幸福的教育可以让一个人终身受益。“留白”，绝不是什么都不做，而是为学生提供丰富的体验机会和发展平台，让学生在充分认识自己、了解自己的基础上进行科学选择，同时培养时间管理能力、学习能力，促进自我教育、自我管理和自我完善。

深中的校本选修课有360余门，涵盖数学、物理学、生物学、哲学、文学、法学、艺术学等多个学科门类，开设的课程包括“西方哲学入门”“鲁迅作品研读”“天文学基础与前沿”“国际关系概论”“病原微生物与人体健康”“乡村音乐中的语言和文化”“ip文创设计”等。除此之外，别具特色的还有海内外著名学者开设的深中大讲堂和深中百余位博士开设的深中博士讲堂。这些课程均不指向高考，基本都达到大学本科水平，学生可以依据个人志趣和专长进行自主选择，这是深中开展通识教育的核心途径。社团生活也是深中学子校园生活中非常重要的一个方面，目前学校在校注册社团有110余个，均由学生依据兴趣爱好自主创建，涵盖公益类、科技类、媒体类、社科类、实践类、特长类、体育类、艺术类八个类别，学生可以在丰富多彩的社团活动中培养领导力与团队协作、沟通与写作等关键素养，志同道合的学生们联合在一起，不仅可以发展个人志趣，而且能凝聚起一股力量关爱他人、关怀社会、关心世界。

林语堂在《人生的乐趣》中说：“我们只有知道一个国家人民生活的乐趣，才会真正了解这个国家，正如我们只有知道一个人怎样利用闲暇时光，才会真正了解这个人一样。”所以我想说的是：我们只有知道一所高中的学生在课余生活中做什么，才会真正全面地了解这所高中。而自主学习与社团生活，就是大部分学生在课余的主要生活，过好课余生活是有价值地度过高中生活的重要条件。

深中每周四的一整个下午都是选修课时间，每周一至周三下午第9节课是学生社团活动时间——这些未被学校固定安排、供学生自主选择的“留白”时间，达到了“以无胜有”的效果。学生在广阔的自我发展空间里管理的不仅是时间，还有自己。学生在这些可自由支配的时间里，学会如何平衡社团与学业，如何更好地将保障睡眠与锻炼、阅读、考试相结合；学会如何发挥 70% 有效学习时间的价值，而不是反复刷题做无谓的训练，更重要的是利用“留白”的时间陶冶心性、强健体魄、发展志趣，不仅提高了学习效率从而达到事半功倍的效果，进而留出更多的可支配时间，实现了良性循环，而且为其一生的成长和发展奠定基础。

就是在这样科学民主、多元和谐、开放包容、生动活泼的氛围中，深中学子的精神和心灵获得了自由发展和充分发展。正如 2022 届校友谭可欣在《深中学子》中说：“以良师为伴，与大师为伍，受艺术之熏陶，汲文学之精华，观社会之流变，识科学之博大……终于我们被浇灌成真正意义上的‘深中学子’，以校园为沃土蓬勃生长，再带着各自的启蒙之光散布天涯。”

谈及高中校园生活，一直还有一个相对“敏感”的话题，就是手机。深中从未视手机为“洪水猛兽”，允许学生在家长的许可下带手机入校，同时通过开展手机有效使用的学习研讨、制定完备的手机管理办法、定期进行手机规范使用巡查等方式科学规范和引导学生的手机使用。事实上，几乎所有深中学子到了高三也会主动选择将手机换为“老年机”或者不带手机。即便这样，很多家长和学生一开始还是会担心，但是往往，他们越融入深中大家庭，会越发感觉这样的管理方式让学生受益匪浅。前些天，我听了高一（11）班刘一为同学在校园开放日上的分享，感触很深，他说：“在刚开学的时候，我对使用手机还有所顾虑，但是我在深中丰富的社团及其他课余中，手机从未有机会成为我们主要关注的对象，而只是我们提升沟通和组织效率、检索资源和开阔视野的有效工具。更重要的是，在繁忙且充实的课余生活中，我学会了如何更好地管理时间，尤其是管理手机的使用。朱熹说：‘不奋发，则心日颓靡；不检束，则心日恣肆。’渐渐的，我的学习意志更加坚定，同时也变得越来越自律，并在学着自我管理的过程中获得成长。真正自律的人，才能获得真正的自由。我认为，正是这种自律带来的自由，成就了深中所独有的包容与开放，它能够引导我们产生内心深处更深层次的前进动力，最终真正地热爱它。也正是在这样的环境里，我明白了合理而明确的目标对于人生而言到底有多么重要。在深中，我们不会再把成绩当成唯一的评价标准，因为成为全面发展、综合能力突出的深中人才是我们努力的目标；我们不会再把学习局限于课本，因为未来社会需要的是信念坚定、知识广泛、内心充盈的深中人。”

这是深中人非常有代表性的一次发声，是一名在深中学习仅一年的学生的切身体会。而更多高三毕业生在高考后那个暑假的学习样态，则更能体现深中以手机管理引导学生实现自我管理的成功经验。每年高考后，绝大部分深中学子并不会完全放下书本，停止学习，而是会在短暂的放松身心后，自觉地去深入了解所选专业，并对未来进行合理规划，因为他们深知：学习从来都不是为了完成高考这一短期的达标，而是要作为长期的、终身的人生事业。

什么是教育？爱因斯坦曾说：“教育就是把在学校学到的所有东西全部忘光了之后留下来的东西。”深中的精神是“追求卓越，敢为人先”，我们追求的卓越一定是有灵魂的卓越，在我看来，深中学子通过三年的高中学习生活所收获的这种自律和远见，就是“有灵魂的卓越”很有说服力的代言，是深中教育中最宝贵的经验之一。

2023 年 5 月 20 日

第二辑

筚路蓝缕　以启山林

“自信人生二百年，会当水击三千里。”目前，学校正在以日益可见的进步，向着越来越好的方向发展——这是深中蕴藉沉淀七十余年水到渠成的厚积薄发，亦是这座城市给予她的十足底气和磅礴力量。

2-1

深中校长朱华伟的教育梦：建设中国特色世界一流高中

半个多月前，深圳中学在其官方微信发布了一篇名为“改革开放四十年　七秩学府再出发”的推文，推文细数深中为学生搭建多元发展平台，培养拔尖创新人才，2018 年在高考、出国、竞赛等方面取得的漂亮“成绩单”，并转载了朱华伟校长一年前在深中建校 70 周年纪念活动上的致辞。彼时，刚上任深中校长一职近一年的朱华伟教授向外界宣布，这所以深圳这座城市命名的中学，新的办学目标是：建设中国特色世界一流高中。

朱华伟在自己的朋友圈转发了上述文章，并写道：“深中与深圳共成长、与中国共发展、与世界共进步。”在他看来，深中之所

以办得好，是靠传承、靠文化；靠师资、靠管理。他用“泡菜”打了一个生动的比喻，“泡菜的味道决定于泡菜水，泡菜水好，无论是白菜、萝卜、黄瓜，泡出的味道都好，否则，结果相反。”

深中如何调好“泡菜水”？如何实现“中国特色世界一流高中”的目标？日前，深圳中学校长朱华伟教授接受了《南方日报》记者专访，解读这所深圳老牌名校发展密码，并谈及他对于深中未来发展、集团化办学、高考改革、特殊人才培养等教育热点的看法。

希望将深中带至“国内领先，世界一流”

朱华伟教授是深中第十八任校长，他有很多亮眼的身份：华中科技大学教育学博士、二级教授、特级教师、博士生导师、享受国务院政府特殊津贴专家、广州市教育研究院创院院长、国际教育数学协会常务副理事长、首届湖北五四青年奖章获得者等，而最为外界称道的则是他奥赛金牌教练的身份，他曾担任国际数学奥林匹克中国国家队领队、主教练，率中国队获团体冠军，指导多名选手获国际金牌。

当问到当初为什么选择来深中，朱华伟教授说，“我来深中，是为了追寻单纯的教育梦想。中国有两所中学是大家公认的国内最好高中：北有人大附中，东有上海中学，在南中国还没有一所跟这两所学校可以比肩的学校。但是，身处深圳的深圳中学就有与这两所学校实现‘三足鼎立’的潜质，因此我看中的是深中的平台。”所以当相关领导找到他，希望他担任深中校长时，朱华伟欣然接受，他希望带领深中再上一个新台阶，达到国内领先、世界一流的水平。

《深中少年》
微电影

朱华伟说：“我有近四十年对教育的热爱和丰

富的教育经历，我希望把自己的教育智慧和教育经验奉献给学校，给更多老师提供发展平台，为国家培养更多的优秀人才，这不仅是为社会做出自己的贡献，也是实现自己人生价值的过程。”

基础教育要为学生搭建多元发展立交桥

2018年，在第49届国际物理奥林匹克（IPhO）上，深中学子杨天骅和薛泽洋夺得金牌；在第50届国际化学奥林匹克（IChO）上，深中学子聂翊宸也斩获金牌。一所学校一年内在高中阶段顶级的学科国际赛事中夺得3枚金牌，这在广东省内还是首次。8月3日，深中举行了一场新闻发布会向外界发布这个好消息。朱华伟致辞时笑称：“比我自己带队时紧张多了。我一遍遍地看着他们手持国旗，充满自信地站在国际颁奖台上的照片，心情久久不能平静。三位同学为国争光，学校为你们感到骄傲。”

深中无疑是深圳人的骄傲，也是深圳人心目中公认的老牌名校。从1947年诞生至今，已培育了近4万名优秀学子。2018年，QS世界大学排名前100的中国高校录取79人，其中北京大学、清华大学录取26人，香港大学、香港科技大学录取15人，人数广东省第一。在海外录取难度激增的背景下，深中学子依然保持了极强的竞争力，U.S. News排名前10的美国大学录取了9名深中学子，发放了16份录取通知书；排名前50的美国大学录取了150名深中学子，发放了413份录取通知书；哈佛大学等美国常春藤大学共录取了9名深中学子，发放了12份录取通知书，占广东省一半；英国牛津大学、剑桥大学录取了7名深中学子；深中海外大学录取数据居全国前列。

“深中今天所取得的荣誉，是建校70余年历史积淀和一代代深中人前赴后继共同努力的成果，是学校一直以来支持学生多元发展水到渠成的收获。学校一直以来努力营造‘人人皆可成才、人人尽展其才’的良好环境，遵照‘学校按需施教、学生按需选学’的课程观，以标准、实验、荣誉三大课程体系为支柱，为学生搭建多元发展立交桥，为每个人提供适合的教育，让每个人都有出彩的机会、拥有更广阔的人生。”

【关键词：发展方向】

希望深中不负众望，早日实现世界一流高中目标

南方日报：在深中 70 周年校庆时，您提出来深中要建设世界一流高中，为什么会提这样的目标？

朱华伟：这其中有三个理由，一是国家提出来要加快建设世界一流大学，达到这个目标需要有一流的高中毕业生，这就需要有相应的世界一流高中，而且在数量上要多于世界一流大学。深中应该做出自己的贡献。二是深圳改革发展取得了巨大成就，作为世界一流城市和国际创新之都，深圳应该有一所世界一流高中和城市相匹配。教育是一个十年树木、百年树人的过程，不是一朝一夕就能完成的，深中有着 70 年的历史，更应该有这种担当，而且有实力去完成这个使命。三是深中站在 70 年的重要历史节点上，需要总结和梳理，并进一步思考下一步往何处去的问题。深中现在已经是世界知名高中，现在要向世界著名高中迈进。

基于上述原因，我们提出“建设中国特色世界一流高中”，省、市领导对此予以充分肯定，并鼓励我们“加快建成世界一流学校”。

南方日报：世界一流高中有哪些具体指标？

朱华伟：我们的培养目标是“培养具有中华底蕴和国际视野的拔尖创新人才”，中华底蕴、国际视野、拔尖创新这三个关键词，是深中能否成为世界一流高中的重要指标。另外一个重要指标是，我们培养的毕业生要大部分能升入世界一流大学。实际上，目前我们有超过一半的学生能够进入国内在建的世界一流大学，而选择去国外留学的，基本上都能申请到美国排名前 50 的名校或世界各地的名校。如果将国内外相加，我们现在每年有超过 60%的学生进入世界一流大学或在建的世界一流大学。将来，我们希望这个比例能够达到 80%以上。

同时，我们的校园环境、教育理念、师资队伍、教学设施、科研成果等都要向世界一流看齐。学科竞赛今年我们获得三块国际奥赛金牌，可以说在这方面我们已经做到了世界一流。我们现在的数理化奥赛教练团队也是全国顶尖、世界一流。

南方日报：世界一流的高中究竟是什么样子？实现这个目标，深中的抓手是什么？

朱华伟：我认为首先要以“立德树人”为根本，要有优美的、有文化底蕴的校园环境，还要有一流的教师和学生。深中现在有两个短板：校园环境和师资。深中泥岗校区 2020 年投入使用后，深中的校园环境会得到极大改善；这个校区的设计有世界名校的感觉，也是我理想中学校的样子。如果能完全按照目前方案实施的话，届时泥岗校区的硬件环境一定是世界一流的。硬件条件解决后，就是师资问题。目前我们的教师队伍是国内一流，还达不到世界一流。由于泥岗校区的开办，这几年深中会引进 300 多位老师，我们希望吸引一批有好的教育背景和教育情怀的青年才俊；仅仅在 2018 年新入职教师的名单里，就有相当一部分是来自北大、清华等著名高校的硕士和博士，这是一个好的开端。

【关键词：集团化办学】

深中“扩张”的前提是不能过度稀释深中资源

南方日报：对于集团化办学，深中有何发展思路和模式？

朱华伟：目前深圳中学除了有高中部、初中部外，还有几所“深圳中学共同体”学校，包括深圳亚迪学校、深中龙岗初级中学、深中龙岗小学、万科梅沙书院、深中河源实验学校、深中南山创新学校。这些学校是在不同时期、不同背景下创办的，比如深圳亚迪学校当时主要是为了解决比亚迪员工子女上学问题而创办。今年，深中秉持着为市民提供更多优质教育资源的理念和初心，经市教育局批准，和南山区政府、大疆创新公司合作，一起开办了深中南山创新学校。

南方日报：这所新学校有何与众不同？

朱华伟：现在社会普遍反映中国学生动手能力不足、创新意识不强，我们希望这个学校能够在完成九年义务教育阶段国家规定的课程之外，多渗透一些创新元素，通过让学生进行科技创新实践，提高他们的动手能力和创新意识。

深圳正在打造可持续发展的全球创新之都，南山区在打造世界级创新型滨海中心城区，这为我们办校提供了好的依托，学校办好了也会有利于南山区、深圳更好地引才。大疆是全世界知名的无人机公司，集聚了很多思想活跃、富于创新精神的青年科技人才，能够把很好的理念、想法和教育的理念融合，共同开发一批创新课程。深中的科技创新教育走在全国中学前列，深中南山创新学校也一定可以充分利用优质的创新教育资源，争取建成国内一流基础教育名校。

南方日报：在基础教育阶段，集团化办学似乎成为一种趋势，深中是否也会“扩张”？

朱华伟：去年开始，深圳的集团化办学确实发展得很快。很多人会关心地问：“深中怎么办?”我觉得深中需要有社会责任、社会担当去帮助更多的学校，但我希望这种“扩张”是随着形势的发展、社会的需要，自然而然地去进行，就像我们之前办的所有学校一样，是“自然生长”出来的，每个学校都有着深中血脉，深中也会把最好的理念、资源输送过去。每所共同体学校我们都会派优秀干部、老师过去，致力于将这些学校建成真正有深中气质、深中基因的学校。

“深中共同体”学校都是从深中自然生长、繁衍出来的，因此只有深中好，各个学校才能好。深中之所以发展得这么好，一个重要因素就是没有稀释太快。就像泡茶，不停地加水，最后就没有茶的味道了，办学校也一样。关于集团化办学，我们会按照自己的步调把这件事情做好，前提是服从深圳市委市政府、市教育局的布局，以及不能过度稀释深中资源。

南方日报：对于集团化办学，外界担心之一就是如何保障分校办学质量，深中有何经验可分享？

朱华伟：我们派出去的干部、老师，都是在深中成长起来的，他们对深中的教育理念有着全面的认知和深入的理解，而且他们跟深中的每个人都很熟悉，有什么不明白的或者需要支持的，一个电话、微信就解决了，深中的资源也都与这些学校实现完全共享。当然，不同的学校会有不同的特色，比如万科梅沙书院，是在深中多年办国际课程成功的基础上创办的国际高中。深中派出了当时的学生处主任王赫博士去担任这所学校的院长，同时，深中也会经常派优秀老师去指导，书院的老师们也会随时到深中来汲取好的经验、做法，两所学校非常自然地融合在一起。万科梅沙书院才办三年，今年首届毕业生成绩就非常出色。

【关键词：高考改革】

深中办学成绩优异　一是靠传承、靠文化，二是靠师资、靠管理

南方日报：面对高考综合改革，深中有做哪些应对？学生以及学校面临的最大难题是什么？

朱华伟：对深中来说，这件事情并不算太难，因为学生素质好且适应性强，师资水平也比较高，另外深中曾有过“走班”的经验。比较难的是增加了很多工作量，还要增加一些教室。对于高考改革，我也有一些忧虑，比如在新方式下，很多学生可能不会选择物理，但物理是高科技等很多技术和学科的基础，会给国家带来一系列的后患。

可以说，深中一直非常重视学生的全面发展，比如今年新高一的学生有60%加入了社团，学生每天下午4点35分之后都在参加社团活动，在社团活动中培养他们的领导力、团队协作等各项能力。同时，我们遵循科学的规律、方法，包括最新的脑科学成果、信息技术去指导学生学习，从而让学生学会学习、享受学习。

南方日报：深中的中考分数线一直是深圳市最高的吗？

朱华伟：深中之前五年的中考录取分数线几乎都不是深圳最高的，但高中三年以后学生的“出口”非常靓丽。例如2018届高中毕业生，无论是高考高分优先投档率，还是北大、清华录取人数，都是深圳第一。只要学校好，老师好，家长自然会把学生送到学校来读书。深中取得优异的办学成绩，一是靠传承、靠文化，二是靠师资、靠管理。

全世界任何一个国家、任何一个城市，不可能把所有学校办得都一样，在办学过程中，一定会有学校因为历史或者其他种种原因，走在前列，这是符合教育规律的。如果学校办得好，学生自然会报考你的学校，这是个良性循环。办学需要好的文化氛围，拿“泡菜”打个比方，“泡菜的味道决定于泡菜水，泡菜水好，无论是白菜、萝卜、黄瓜，泡出的味道都好，否则，结果相反。”我认为深中取得成功的原因，就是把泡菜坛子的水调得好。一个人的成长，第一是天分，第二是后天环境，深中就创造了一个非常好的环境。

【关键词：特殊人才培养】

携手华为发掘天才、偏才、怪才，培养拔尖创新人才

南方日报：去年深中和华为成立了“深圳中学-华为特殊人才奖”，能否讲讲这背后的故事？

朱华伟：目前的人才选拔方式会在一定程度上淹没一些在某一方面有特殊专长的人才，使他们没有机会进入好的中学，考上深中就更难。目前有些考试还主要靠机械训练和死记硬背，比如中考数学试卷 1.5 个小时要完成 23 道题目，需要大量的重复性训练，基本上要做到“条件反射”似的一看就做、一做就对，不利于学生创新能力和独立思考能力的培养。2018 年要考上深中，七科考试最多只能丢 25 分，你想想这有多难。另外，多元智能理论告诉我们，会有全才，但不是所有人都是全才，每个人擅长的领域不一样。拿一把尺子衡量所有人，势必会让那些在某一方面有特长的人被淹没。但反而是这些人，很有可能成为某个领域的卓越人才。

有一次与华为负责人谈到这个问题时，我们一拍即合，决定设立“深圳中学-华为特殊人才奖”，发掘有特殊专长的天才、偏才、怪才，促进拔尖创新人才的培养，对于这些天才、偏才、怪才，华为会给予一定的资助，用于为他们提供优质的课程、学习机会等。

南方日报：目前有多少人申请到这个奖？

朱华伟：从 2017 年 9 月启动这个项目到现在，有两位学生申请成功。一位是周楷文，他因为信息学和数学成绩优异得到专家推荐，去年秋季被破格录取到深中读高一，今年 7 月参加全国信息学奥林匹克总决赛夺得了金牌，北大、清华都和他有签约意向。

另一位是彭也博，因为数学特别厉害，破格录取到深中初中部读初一，今年9月他参加全国高中数学联赛，获得广东省赛区第四名的好成绩。

南方日报： 怎样才能申请到这个奖，有没有一个标准？

朱华伟： 当然有标准，但不是绝对的，如果那样，就等于又回到中考了。我们不拘一格招人才，数理化生信、艺术、人文、体育等任何一方面很突出的学生都可以来试试。学生提出申请后，我们会有专家评审来审定，会找到学生擅长领域的专家进行测验，包括笔试、面试，通过深中的自主招生后，结果还会报到华为公司确认。对录入的这些特殊人才，我们会制订有针对性的培养计划。

——本文刊发于《南方日报》2018年12月12日AⅡ03版

2-2

勇于承担光荣使命，建设世界一流高中
——在深圳市庆祝第 35 个教师节大会上的获奖感言

2019 年 9 月 10 日，在深圳市庆祝第 35 个教师节大会上，表彰了 2019 年市教育改革先锋人物、教书育人模范、年度教师、十佳校长、十佳师德标兵、十佳青年教师等教育工作先进单位和先进个人。朱华伟校长获评 2019 年深圳教育改革先锋人物，本文为朱校长在大会上发表的获奖感言。

尊敬的各位领导，各位同仁：

此次获评教育改革先锋人物，不仅是对我工作的认可，也是属于深中的荣誉，它激励着我们不忘初心，砥砺前行。

2017 年 1 月，我带着使命来到深圳，就任深圳中学校长。2017 年 11 月，我提出了“建设中国特色世界一流高中”的办学定位和“培养具有中华底蕴和国际视野的拔尖创新人才”的育人目标，得到省、市领导，社会各界和广大深中校友的高度认可。令人振奋的是，2019 年 8 月 18 日，国家批准深圳建设中国特色社会主义先行示范区，深圳教育也被寄予厚望。作为深圳基础教育的窗口学校和领头羊，深圳中学尽快建成中国特色世界一流高中，已是众心所向、势所必然。

“革命理想高于天，理想信念之火一经点燃就会产生巨大的精神力量。”远大的目标对实践行动具有统领作用与决定性意义，两年多来，我们积极协调、努力调动各方积极力量，在教师队伍建设、课程建设、硬件建设、校园文化建设等方面实现了全面提升，开拓了学校办学质量以及社会影响的全面新局。

一、定位高远，做深圳基础教育的先行示范者

基础教育承载着每个家庭对美好生活的向往，是城市核心竞争力的重要支撑。深圳建设先行示范区，成为全球标杆城市，必须有世界一流的基础教育，有自己的世界名校，这样才能吸引全世界最优秀的人才来深圳市创业、投资、安居。

在“建设中国特色世界一流高中”办学定位的指引下，2018年，我校制定了《深圳中学五年发展规划（2018—2022）》。目前，在建设先行示范区的征程中，深中正稳步落实五年规划，加快建成世界一流高中，做好基础教育先行示范的领跑者。

二、与时俱进，营造一流师资建设“软环境”

教师是立教之本、兴教之源，要吸引最优秀的人才从事基础教育，用最优秀的人培养更优秀的人。深圳中学一直注重师资队伍建设，近年来从哈佛大学、新加坡国立大学、北京大学、清华大学等世界名校引进百余名优秀毕业生，现有博士 31 人，并且拥有一支中国最好、世界一流的数理化竞赛教练团队。

只有一流师资是不够的，还需要有适合一流师资发挥作用的“软环境”。只有关爱老师、善待老师，打通高学历、高水平教师的发展通道，才能吸引和留住更多的优秀人才，这是深中，也是基础教育师资建设工作中的重中之重。

三、对标一流，助力拔尖创新人才培养

先行示范，人才是核心，到 2025 年深圳要达到科技创新世界一流，必须有一大批拔尖创新人才做支撑。因此，在基础教育阶段，就应积极探索拔尖创新人才的早期培养。深中为学生搭建多元发展立交桥，开设百余门选修课程，与著名大学和企业共建 18 个创新体验中心和创新实验室，开办深中大讲堂邀请国内外著名学者讲学，助力深中学子实现自己的无限可能。

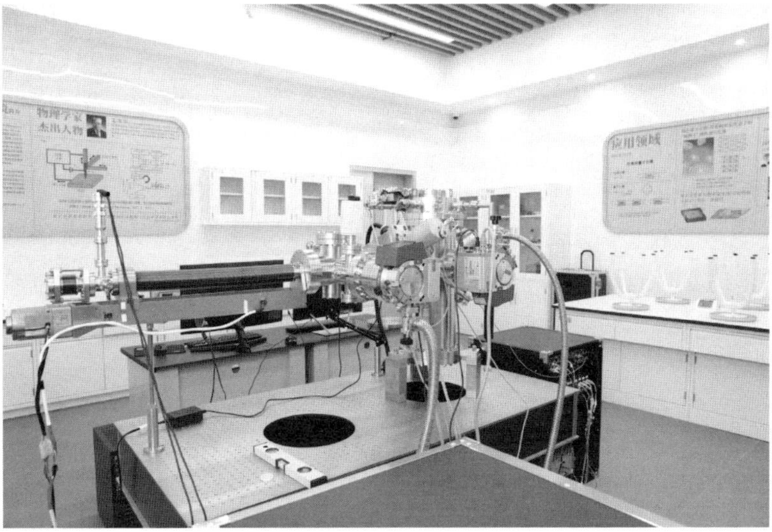

深中的努力取得了丰硕成果，2017 年至 2019 年：86 人被北大、清华录取，全省第一。26 人被哈佛大学、耶鲁大学等美国常春藤大学录取，美国 U. S. News 排名前 30 的大学录取 263 人，排

名前 50 的大学录取 456 人，全国第三。学科竞赛捷报频传，2018 年获 3 枚国际学科奥林匹克金牌，全国第一；2019 年有 8 人进入国际数学、物理、化学、生物、信息奥林匹克中国国家集训队，全省第一；在 2019 年 6 月北大、清华的数学、物理飞测中，全省一等奖 18 人，深中 12 人，全省二等奖 17 人，深中 8 人。

建设世界一流高中，不仅需要长时间的艰苦奋斗，也需要长时间的磨炼与检验。新的时代背景下，深圳教育要跟上城市前进的步伐，深中责无旁贷。未来，深中有信心趁势而为，迎难而上，尽快建成中国特色世界一流高中，为深圳建设中国特色社会主义先行示范区的伟大事业贡献力量。

谢谢大家！

2019 年 9 月 10 日

2-3

办一所具有世界影响力的中学

——《中国教育在线》专访

在新中国成立70周年之际，《中国教育在线》邀请了刘彭芝、唐盛昌、王殿军、朱华伟等优秀中学校长对话，于宏观处感受中国基础教育70年来的伟大成就，于微观处体味他们对教育的理解，对学校的治理经验，以及他们的情怀。而这一切，对于我们所有关心教育的人都有莫大的启发与借鉴。

导　言

从汝南走向世界，从世界奔赴南粤，在南粤归附深中，朱华伟始终以“为国家培养拔尖创新人才”为己任，执着地追寻着自己的教育梦，坚定地向世界展示中国人的信心和实力，不遗余力地为中国教育贡献智慧和力量。

新中国成立70周年前夕，深圳评选出两位教育改革先锋人物，一个是南方科技大学校长、中国科学院院士陈十一，另外一个就是深圳中学校长朱华伟。

缘起数学：从爱上数学到爱上教育

陈志文：您高中毕业后入读师范，后来一直学数学、研究数学教育，您为什么如此喜欢学数学、教数学？

朱华伟：我 1979 年高中毕业，受“文化大革命”的影响，中学期间基本没读过什么书。但当我读完徐迟的报告文学《哥德巴赫猜想》后，文中数学家陈景润的故事让我彻夜难眠，对我影响极深。在高考报志愿时，我的四个专业填的全是数学。后来，我如愿入读了汝南师范学校数学专业。

进入汝南师范后，因为对数学特别感兴趣，读一年级时我就获得了全校数学竞赛第一名。毕业后，我被分配到县里的农村中学——红光高中（现汝南一中），教高中毕业班数学，这段经历让我对教书产生了特别浓厚的兴趣。可以说，我是先喜欢数学、喜欢孩子，后来喜欢数学课堂、数学教育，随着经历的变化和人的成长，最后就变成了喜欢教育。

陈志文：您 18 岁就当教师，刚毕业直接教高中毕业班，非常优秀。

朱华伟：十年“文化大革命”，青黄不接，那时有能力做高中老师的人很少。1978 年春天，恢复高考后的第一批大学生入学，1982 年才有了第一批本科毕业生。

那时正值改革开放初期，整个国家充满正能量。对有知识、有文凭的人，也是前所未有的重视。20 世纪 80 年代初，我在高中教书时，复读的学生还比较多，很多学生与我年龄相当，甚至有些人比我还大。很快，我当了班主任，第二年就担任学校团委书记，边干边学。

陈志文：当时您已经很受重视，但还是选择继续深造？

朱华伟：是的，因为还想有更大的发展空间。1985 年，我通过专升本考上了河南教育学院数学系读本科，毕业后回到县城的汝南二高，教高中毕业班数学，之后边教书边准备考研究生。

1986 年，中国第一次正式参加国际数学奥林匹克，湖北省成绩优异，在著名数学家齐民友教授的建议下，湖北大学开始招收数学竞赛研究生。1989 年 1 月，我参加研究生考试，考入了湖北大学数学系的数学教育（数学竞赛）专业，也成为湖北省招的第一个数学竞赛专业的研究生。

在武汉读研的三年里，我如饥似渴地学习，收获非常大。读研期间，著名数学家张景中院士推荐我先后担任北京集训队、国家集训队教练。对于我们这些跨过十年“文化大革命”的人来说，这样的学习机会十分难得。1992 年研究生毕业后，我到武汉市教研室工作，任数学教研员。1993 年评为特级教师，当年 31 岁。

陈志文：这么年轻就被评为特级教师非常罕见。

朱华伟：属于“破格”，因为我在市教研室工作比较勤奋，成绩也突出，又赶上湖北省有好的政策。

那时高考资料比较稀缺，我在高考资料、竞赛资料的编写构思上做出了一些创新；在指导数学竞赛过程中我也取得了很好的成绩。当时我是湖北奥校副校长，带领武汉队参加 1993 年在成都举办的第四届全国华罗庚金杯赛取得了全国个人冠军，发表了 20 多篇论文，出版了书籍。

我在武汉市教研室工作了三年，1995 年调任江岸区教委副主任。上任后的第一件事情就是筹办理科实验班，立足在全面发展的基础上，突出个性特长，及时发现和培养理科尖子，探索资优生培养方法和成才规律。

记得当时办理科实验班，我还顶着不小的压力，坚持每周一下午去武汉六中上课，每周六上午去武汉二中上课，骑着自行车，风雨无阻，不取报酬。现在想来，20 世纪 90 年代初我已经在开始探索拔尖创新人才培养了。

陈志文：您 2000 年被派往美国做访问学者，这期间对您影响或者改变最大的是什么？

朱华伟：在美国六个月，除了正常的学习、研究、思考外，还收集了大量的图书资料。这段经历也让我更加确定，我的性格不适合做行政官员，更想办好一所中学，做中国的苏霍姆林斯基。

陈志文：这段经历让您重新找到了学术上的兴趣和成就感，找到了自己的价值。

朱华伟：对，我觉得自己更适合做数学教育研究，或者更适合做教育。所以 2000 年 9 月，从美国做访问学者回国后，我毅然决然辞去了江岸区教育局党委书记职务，2001 年 7 月 5 日离开了武汉。当时我 38 岁，机缘巧合，我获任人大附中珠海校区校长。办学三年，当地政府部门以及人大附中刘彭芝校长都很支持。学校办得有声有色。

2004 年 2 月，应张景中院士之邀，我到了广州大学软件所，同年被评为研究员，接替张景中院士，担任软件所所长。张景中院士在做人上、在数学上都对我有很大影响。

在广州大学的十年，是我学术生涯中最好的十年。这十年里，我致力于拔尖创新人才培养的教育研究，探索数学创新人才的早期发现和培养规律，兼任中国数学奥林匹克委员会委员，在国内外发表相关论文 20 余篇，2009 年担任第 50 届国际数学奥林匹克中国国家队领队、主教练，率中国队获个人冠军、团体冠军，指导多名选手获国际金牌。我运用教育数学思想，指导初中数学教材改革的理论研究和教学实践，在《课程·教材·教法》等刊物发表相关论文10余篇，主要成果后来获国家级教学成果奖二等奖（2018年）。2014年1月我负责筹办广州市教育研究院，并任院长、党委书记。2017年1月，我来到深圳，成为深圳中学第十八任校长。

2009年中国队载誉归来

从左到右依次为：

第1排：郑志伟　黄骄阳　林　博　赵彦霖　韦东奕　郑　凡

第2排：冷岗松　朱华伟　王　杰　熊　斌　付云皓

虽然这些年换了很多岗位，但我感到自豪的是，一直没有脱离课堂。因为我喜欢数学，喜欢学生，热爱数学教育，热爱教育事业。

毕生理想：办一所具有世界影响力的中学

陈志文：为什么会来深圳中学当校长？

朱华伟：来深中就是为了追寻单纯的教育梦想。我毕生的理想，就是办一所具有世界影响力的中学。

经过 70 年的发展，中国的基础教育在世界上已有一定地位，但真正达到世界一流水平的高中还比较少，整体水平呈现“均值”高、“方差”低的特征，也就是说，虽然平均水平较高，但是出众的人少，拔尖人才少。中国有两所大家公认的国内最好的中学，北有人大附中，东有上海中学，在南方还没有可以跟这两所学校比肩的中学。而身处深圳的深中，有与它们形成“三足鼎立”格局的潜质。

我有近 40 年对教育的热爱和丰富的教育经历，希望把自己的教育智慧和经验奉献给学校，给更多老师提供发展平台，为国家培养更多的拔尖创新人才，这不仅仅是为社会作出自己的贡献，也是在实现自己的人生价值。希望通过努力，带领深中再上一个新台阶，达到“国内领先、世界一流”的水平。

陈志文：深中建校至今已经 72 年了，您刚到深中任校长时，提出新的办学目标是“建设中国特色世界一流高中”。您觉得，何为“世界一流”？又该如何理解“中国特色”？

朱华伟：深中地处改革创新之城——深圳，伴随着深圳的发展而成长，拥有着与深圳气质相符的文化和精神。建校 70 周年时，学校发起了关于“深中精神”的大讨论，得到了校友的热烈回应。经过充分讨论和反复斟酌，我们在所有答案中取了“最大公约数”，确定了认可程度最高的八个字作为深中精神的总结：“追求卓越，敢为人先”。这是深中校园文化的核心所在。

70 余年来，学校开展了诸多教育教学改革，培养了一大批富有开拓创新精神的人才，这就是对“敢为人先”的最佳注脚。在中国特色社会主义进入新时代和国家加快建设“双一流”的背景下，我们提出了“建设中国特色世界一流高中”的办学定位，也体现了深中人“追求卓越”的精神内核。

“中国特色”的教育必然是传承中华文化血脉、践行中国特色社会主义道路、为国育才、服务国家发展的教育，这是新时代的要求。我们提出建设“世界一流高中”的目标，是响应国家建设“双一流”大学的号召，因为要加快建设世界一流大学，一定要有世界一流的高中毕业生，也就需要有相应的世界一流高中。

深中通过什么抓手去建成世界一流高中，世界一流高中又有哪些指标？我认为首先要以“立德树人”为根本，要有优美的、有文化底蕴的校园环境，还要有一流的教师和学生。我们的校园环境、教育理念、师资队伍、教学设施、教科研成果等都要向世界一流看齐。

我们也提出了新的培养目标，即培养具有中华底蕴和国际视野的拔尖创新人才，中华底蕴、国际视野、拔尖创新这三个关键词，是深中能否成为世界一流高中的重要指标。培养目标最终的落脚点在“拔尖创新人才”上，创新型人才的核心是创造力，包括创造性精神、创造性思维和创造性能力等，这也是学校培养人才的主要着力点。另外一个重要指标是，我们培养的毕业生要大部分能升入世界一流大学。实际上，目前我们每年有超过60%的学生进入世界一流大学或在建的世界一流大学。将来，我们希望这个比例能够达到80%以上。

陈志文：您此前曾致力于拔尖创新人才培养的教育研究，如今在深中进行拔尖创新人才培养的实践，培养拔尖创新人才为何如此重要？

朱华伟：综合国力的竞争说到底是人才的竞争，而其中拔尖创新人才又起着重要的作用。20世纪末，就有教育家提出，50年间我们培养了不少合格人才，但也压制了一些拔尖人才，不少有才华的学生被扼杀在摇篮里，特别是那些奇才、偏才。一个原因，就是我们把全面发展与个性发展对立了起来。

近十几年来，我国各大高校在拔尖创新人才培养方面持续发力，诸多高等教育领域的“拔尖计划”应运而生，如北京大学的“元培学院”、清华大学的“清华学堂人才培养计划”、浙江大学的“竺可桢学院”等。那么，拔尖创新人才的培养应该是从大学才开始的吗？答案是否定的。

从教育科学的角度看，拔尖创新人才所必备的许多重要素质是在基础教育时期培养和发展出来的，但这一点长期以来并未受到应有的重视。在初、高中阶段，我们就应该积极探索拔尖创新人才培养的机制和模式，发现、孕育并系统培养人才苗子，建构一个符合人才成长规律并与高等教育接轨的完整教育链。

陈志文：深中提出以培养具有中华底蕴和国际视野的拔尖创新人才为己任，这也体现了学校的责任与担当。那在培养拔尖创新人才方面，学校具体有哪些探索？

朱华伟：我们的确做了很多探索，在资优生培养方面积累了丰富经验，建立起较为完整的拔尖创新人才培养体系。比如，启动个别化教育计划（Individualized Education Plan），在落实国家基础课程标准的前提下，根据学生的身心特征和实际需求，针对每个有特殊需要及才能的学生，拟定个性化的教育方案；邀请海内外知名学者讲学，开拓师生的学术视野，至今已邀请了多位诺贝尔奖得主、两院院士以及清华、北大、深大、南科大、港中大（深圳）的杰出学者为学生开设“深中大讲堂”，付云皓博士、韩嘉睿博士等国际奥赛金牌得主在内的青年学者，也常态化到深中为学生上选修课；搭建高端学术活动平台，让学生在国际比较中迎接挑战；拓展创新教育平台，持续丰富优质学习资源；等等。

2017 年，深中与华为联合设立了“深中-华为特殊人才奖”，资助在科学技术等方面具有特殊专长的天才、偏才、怪才，助力他们成长为国家栋梁之材。这两年我们招了几个孩子，都比较典型。有个孩子叫周楷文，对数理特别感兴趣，他 2017 年 9 月入校读高一，2018 年 7 月就拿到了全国信息学竞赛金牌，2019 年 8 月，以全国前 10 名的成绩进入国际信息学奥林匹克中国国家集训队。还有个孩子叫彭也博，2018 年春节后来到深圳中学读初一下学期，今年 14 岁，是 2019 年全国高中数学联赛广东省赛区第一名。

多元智能理论告诉我们，社会上有全才，但不是所有人都是全才，每个人擅长的领域不一样。拿一把尺子衡量所有人，势必会让那些在某一方面有特长的人被埋没。但反而是这些人，很有可能成为某个领域的卓越人才。

陈志文： 在您看来，拔尖创新人才早期培养的关键是什么？

朱华伟： 根据我个人的认识和经验，中学阶段拔尖创新人才的培养应该做好以下几个方面的工作：首先，要打好基础。俗话说，万丈高楼平地起。没有继承就没有创新。其次，学校要为学生搭建多元发展平台，激发学生的学习兴趣、求知欲和好奇心，培养发现问题、提出问题的能力。再次，培养学生的创造性思维、主动探索精神、大胆质疑、批判性思维能力、合作能力等，引导学生树立献身科学的志向，养成锲而不舍的钻研精神；在树立科学精神的同时，也要拓宽学生的人文视野，培养人文情怀。

奥赛争论之思：让学生在擅长的领域脱颖而出

陈志文： 近些年来，教育部门针对奥赛出台了一些政策，在社会上引起了不小的争论。作为曾经的国际数学奥林匹克中国国家队领队、主教练，您对此怎么看？

朱华伟：很多人在谈论这件事情时，其实并不知道数学竞赛是做什么的。我从读师范期间就参加数学竞赛，研究生是数学竞赛专业，之后又担任多年国家队教练，这些经历让我对数学竞赛有更深刻的认识。

信息技术时代，国家急需大批拔尖创新人才，而奥数是拔尖创新人才早期识别与培养的重要途径之一。从高校招生来看，虽然奥赛获奖者参加高考不再加分了，但教育部给予进入国家集训队的学生保送北大、清华的政策，奥赛获奖者仍是名校争抢的对象，不少名校给出“降至一本线录取”的优惠政策。

正因如此，有不少家长挤着给孩子报奥数班，以此作为升名校的敲门砖，很少考虑孩子是否真的喜欢数学，所以社会上才会出现针对奥数的争论。

我认为，一窝蜂搞奥数实在没必要，也不可行！奥数是一项高水平的智力活动，学习奥数也要有一定的数学天赋，和弹钢琴要有音乐天赋是一样的道理。

中国乒乓球为什么这么厉害？因为全民都会打乒乓球，但不一定都要去当世界冠军，可以作为爱好、锻炼身体、开发思维。数学也一样，只要孩子有兴趣，就可以让他多学一点，不一定非要将来当数学家，而是通过数学学习，培养逻辑推理、几何直观、数学抽象、数学建模能力，培养他对数据的分析判断、对图形的认知，这种智力的开发对孩子的一生都有好处。

那究竟什么样的学生适合学奥数？我认为有两类：一是对各门学科学习学有余力者，二是对数学有兴趣者。

陈志文：那您如何评价这些针对奥数的争议和非议？

朱华伟：社会上针对奥数所产生的争论，主要是在小升初阶段，小升初是“奥数热”的根源，大家诟病的是奥数会给孩子增加学习负担。对此，我有三点想法：

首先，在义务教育阶段，小学升初中，教育行政部门不允许有选拔性的考试，但各个学校的办学水平、办学资源不同，这是客观现实，也不可能在短时期内解决。有些学校的师资力量确实很强，适合培养拔尖人才，家长们也都希望自己的孩子在升初中、高中时能进入更好的学校。

其次，每个孩子擅长的领域不同，有的擅长舞蹈，有的擅长体育，有的擅长文学，有的擅长数理。真正好的教育，应该是根据孩子擅长的领域为他们提供适合的发展土壤和平台。

最后，国家和世界需要各种各样的人才，我们没有必要逼着孩子成为十项全能运动员。大家都在讲，我们缺少创新的东西，归根结底是我们缺少创新人才。而创新人才的培养，不可能从大学才开始，要从小学、初中开始，不然就把孩子们的天分埋没了。

目前来看，即便没有奥数，没有数学竞赛，孩子也会有其他负担。我认为，对于青少年的课外兴趣活动，积极的对策不应当是限制堵塞，而是开源分流。发展多种课外活动，让更多的青少年各得其所，把各种活动都办得像数学竞赛这样成功并且被认可，数学竞赛培训活动过热的问题自然就得到缓解或化解了。

陈志文：我们现在的教育治理，很大程度上是在追求所谓的均衡。

朱华伟：世界上很少有国家能实现绝对的教育均衡。我们还是应该尊重教育规律，尊重孩子的成长规律，相信生物基因科学。有些孩子就是擅长数理，我们就得为他们提供平台。

对人才不能求全，把“木桶理论”简单地类比到教育上是错误的。这样的类比只是一个猜想，而不是科学的命题。我们生活中很多“短板”并不是一个人生存所必需，因此没必要花费本来就有限的时间通通补起来。现代社会非常需要我们在兼顾学生综合素养的前提下，争取把“长板”做长，这样他们自然而然会在擅长的领域脱颖而出，从而最终有所成就。一个人真正对社会做出的贡献，并非取决于短板，而是取决于长板。

陈志文：我们必须给特殊人才的培养搭建平台，不能一刀切。

朱华伟：按照心理学的统计规律，资优儿童的占比为3%～5%。对于中国这么大的人口基数来说，这是一个很大的群体。最能发现孩子数理、语言、绘画等天资的阶段就在小学和初中，到高中以后再筛选就来不及了。

教育的使命是设法满足所有学生的教育需要，提供适切的教育环境，尽可能使学生发挥潜能。

目前的九年义务教育政策，已经基本为所有的儿童奠定了良好的教育基础。为什么中国改革开放这40年发展得这么好？其中一点就是得益于中国基础教育发展得好，使我们的民族文化素养得到了极大的提高，特别是全民的数学教育水平高。

但资优儿童作为一个特殊群体的存在，有其特殊的教育需要。他们的学习需要与一般学生不同，课程应能适应或容纳这些特殊需要；他们既需要加速、加深教育，也需要充实、延伸教育；为了实现最优的教育效果，他们的课程更应该被更好地设计和实施。只有针对这个群体的特点而提供适切性的教育环境，才能最大程度地发挥他们的资优潜能，促进自我认同，将潜质转化为现实的能力。

创新发展之源：重视数理等基础学科

陈志文： 数学、物理等自然科学对我们的人才培养是至关重要的。改革开放以来，我们培养了大量的理工科人才。从总体的数量上来说，中国这些年培养的 STEAM 人才是美国的很多倍。您对此怎么看？

朱华伟： 是的。数学、物理是自然科学的基础，是重大技术创新发展的基础，数理实力影响着国家实力。2018 年 1 月 3 日，在国务院常务会议上，李克强总理指出：“无论是人工智能还是量子通信等，都需要数学、物理等基础学科作有力支撑。我们之所以缺乏重大原创性科研成果，‘卡脖子’就卡在基础学科上。”

重视并加强基础教育阶段的数学、物理等自然学科教育迫在眉睫，尤其是对于数学、物理拔尖人才的早期识别和培养，给予这些好苗子一个适合的特殊的成长机会至关重要。

早在 1963 年，苏联就在莫斯科、列宁格勒、基辅和新西伯利亚四个城市设立寄宿数学物理学校，覆盖 5 年级到 11 年级，培养了一大批杰出人才。目前仅华为聘请的俄罗斯数学家和物理学家就有几百位。2002 年，我曾有幸与中国首批博士、著名数学家、国际数学奥林匹克中国国家队领队苏淳教授合作翻译了《俄国青少年数学俱乐部》（湖北教育出版社）一书，从中我们可以获得一些经验。

在数理教育方面，在北京，人大附中设有早培班；在广州，华南师大附中开设奥班、创新班；在深圳，深中有竞赛班等。这些办学经验都为我们进一步探索拔尖创新人才培养提供了很好的参考。

陈志文：数、理等学科是创新教育的基础，目前深中在创新教育其他方面还有哪些具体的探索？

朱华伟：深中坚持开门办学，融合社会优质教育资源，打造“创新生态”，延伸课堂。目前已与腾讯、华为、大疆、中国科学技术大学、上海交通大学等著名企业和高校共建18个创新体验中心与创新实验室。以深中与香港中文大学（深圳）共建的“智能机器人创新实验室”为例，大学提供专业人员支持，组织安排讲座、竞赛活动，介绍前沿科技资讯，提供校外研习活动及社会综合实践基地等。深中安排专人负责项目统筹协调、提供实验室场地和基础设备、安排相关学科教师参与课程研发及活动设计、实施等。

陈志文：创新体验中心和创新实验室是重要平台，具体落实创新教育应该还需要相应的课程支撑。

朱华伟：是的，我把它总结为“一体两翼，共促发展”。

“一体”的主体为课程，除了国家规定的必修和选修课程，深中还开设了丰富的校本课程，夯实基础。我们这学期就有近150门选修课，其中与科学教育相关的有十多门。此外，我们还开发了以“项目式学习（Project-Based Learning，PBL）”为主要模式，以工程和技术为核心，结合信息、技术、数学、物理、生物、化学、政治等学科的校本系列STEAM课程。

“两翼”指社团活动和学术竞赛。学校鼓励学生积极参与上述活动，以此帮助他们拓宽视野、锻炼培养各项能力。深中有100多个社团，与科技活动相关的社团有近20个，比如星火创客空间就很有代表性。截至目前，学校连续举办了四届创客节和一届创客展。创客文化渐渐深入人心，也逐渐形成了人人有创新、个个出创意、动手与动脑紧密融合的学习氛围。

学术竞赛方面，深中参加了包括美国青年物理学家邀请赛（USIYPT）、国际基因工程机器大赛（iGEM）、FIRST机器人大赛、丘成桐中学科学奖、中国大智汇创新研究挑战赛（CTB）等三十余项国内外著名的学术活动。

陈志文： 深中的课程确实非常丰富。在您看来，创新教育的核心是什么？

朱华伟： 课程是根本，文化是灵魂。创新文化的孕育与生成不仅需要宏观层面国家政策的引导和支持，还需要中观维度学校的制度保障和文化熏陶，以及微观视角下教师的理念认同和践行。

在深中，创新教育不是仅局限于信息技术课堂或者一些特定的选修课和社团，我们鼓励教师根据不同学科特点和学生差异，采取适当方法将创新思维整合入现有课程体系，融入日常学科教学，培养学生的批判性思维和解决问题的能力。

所以说，创新是一颗种子，它可以在校园的各个角落生根发芽、开枝散叶；创新是一个理念，它可以体现在各个学科的课堂教学中；创新是一种文化，它可以融入学校活动的方方面面。

打造一流师资：基础教育一定要引进最优秀的人

陈志文： 一流的高中、拔尖创新人才的培养，都需要有一流的师资队伍，您担任深中校长后，在师资队伍建设方面做了哪些工作？

朱华伟：深中近年来一直在努力引进和培育高学历、高专业水平的优秀师资，为学生的卓越发展领航，为学校的可持续发展奠定坚实基础。目前，深中共有教师 400 余人，其中硕士 200 多人、博士 31 人，教授、正高级教师、特级教师、竞赛金牌教练、名教师等 40 余人。2017 年 1 月刚到深中时，我是学校第 3 个博士，而 2019 年深中新引进的 35 名教师中，有博士 9 人、博士后 3 人；23 人毕业于北大、清华，5 人毕业于哈佛大学等世界顶尖名校。

近三年，我们从哈佛大学、新加坡国立大学、北京大学、清华大学、中国科学技术大学等海内外名校引进了百余位优秀毕业生。随着学校吸引力越来越大，我的目标是在任期内深中有 100 个清华、北大及世界顶尖大学的毕业生，以及 100 个博士。另外，特别值得一提的是，深中的数理化奥赛教练队伍是国内顶尖的，足以完成中学阶段最高水平的竞赛任务，足以支撑学校更高水平的发展。

陈志文：您是怎么招聘到这些优秀人才的呢？

朱华伟：深中一直以来都非常重视教师的培养和引进，之所以能吸引一大批名校毕业生来校任教，主要是因为以下三点：

一是靠情怀。他们喜欢教育事业，喜欢来深圳、深中当老师。

二是靠平台。深中有深厚的历史积淀，有积极向上、敢为人先的校园文化，有卓越的办学成就，我们要创造世界一流的平台，干出世界一流的业绩，办成世界一流的高中，很多优秀人才愿与我们同行，在这里充分施展才华、实现自身价值。

三是靠关爱。我觉得最重要的是要尊敬老师、善待老师、关爱老师。我认为有两个着力点：一是提高教师物质待遇，二是保障教师价值实现。

一方面，用高薪和其他福利待遇吸引高水平人才投身基础教育事业，让最优秀的人教育下一代，培养出更优秀的人。目前中小学教师待遇偏低依然是不争的现实，我们应该鼓励博士等高学历人才投身基础教育事业，争取为他们提供更好的福利待遇，让每位教师都能不为物价和房价所困，让每位教师都能更加体面地教书，让教师“在岗位上有幸福感，在事业上有成就感，在社会上有荣誉感”。

深圳中学全心为老师们打造温馨和谐的工作、生活环境。我们为年轻教师提供宿舍，位于泥岗校区的广知楼，从改建、装修到入住，我去了不下 10 次。凡是来深中工作的老师，单身的都有一间 30 平方米左右的房间，已婚的，我们会向深圳市住建局申请人才房，让老师们来了就有地方住。老师们时刻感觉被关爱、受尊重，工作起来心情也会不一样。

另一方面，在高端学术和一线教学之间搭建桥梁。只有一流的师资是不够的，还需要有适合一流师资发挥作用的软环境、软机制，因此要打通高学历高水平教师的发展通道，才会吸引和留住更多的优秀人才。学校的任务是真正挖掘和释放每位教师的专业学术能量，让他们在三尺讲台一展所长，有所建树，成就感自然而来。

陈志文：您引进这么多名校博士、硕士当高中老师，是否“大材小用”？为何要招收这么多高层次人才？

朱华伟：学校之大，不在大楼之大，而在大师之大。我一直认为，要办好一所学校，首先要有一个好校长，然后要有一批好老师。教师对学生的一生有着重要的影响，越早遇到一位好老师，就越是人生的幸运。

一方面，世界一流大学的毕业生往往拥有更广阔的格局和视野，以及更加丰富的学术资源，因此更容易培养出世界一流的学生。除此之外，深中与18个著名企业、大学合作成立了创新体验中心和创新实验室，因此需要引进一批具有较强科研能力的高层次人才，充分利用这些优质的平台和资源，指导学生进行科技活动，参加国际高端赛事，进而发展其批判性思维和创造性精神。

另一方面，越优秀的学生，越需要优秀的老师引领。深中拥有全国最优秀的学生。面对这样优秀的学生群体，我们有责任引进更多高层次人才来引领他们向更高的平台发展。所谓“名师出高徒”，如果老师自己不优秀，面对高徒，只能是束手无策、捉襟见肘。另外，“名师”和“高徒”很多时候也是相互成就的，深中优秀的老师培养了一批批优秀的学生，同时也正是这些优秀的学生让优秀的老师们获得了职业的成就感和幸福感。

陈志文：我相信，如果深中有100位清华、北大的毕业生做老师，有100位博士做老师，这是基础教育之福。未来，我们希望能让最优秀的人到中小学去当老师，这非常重要。

朱华伟：是的，我在很多场合都呼吁，基础教育领域一定要引进最优秀的人，这样国家才有希望。有人曾质疑说，难道博士生就一定比本科生教的好吗？我说，这个事情要看怎么说，如果只单纯比较一节课教得好不好，那很难讲。但如果从学生的整体成长上来讲，博士经过严格的学术训练，有较强的学术研究能力和扎实的学科背景，会给予学生更多高端的学术引领以及思想熏陶。他们的视野和格局会引领学生，让学生早立大志，存大格局。深中的办学不只是纯粹为了高考，我们还要指导学生做科研，培养学生的创新精神和动手能力。

坚持学生为本：于细微之处为师生做好服务

陈志文： 在深中担任校长的近三年里，您还为深中带来了哪些变化？

朱华伟： 18 岁从教至今 38 载，从河南到湖北、广东，从中学到大学、教育研究院，如今再回到中学，一路伴随我“漂泊”的是一箱箱沉甸甸的书籍，两万多册藏书（八千余册原版英文书）是我珍贵的财富。任职深中后，深感深中图书馆优化的紧迫性——读书是学生一生的精神陪伴，图书馆是学生的知识宝库和精神殿堂；建设书香校园，就要建设一流的图书馆，让阅读成为习惯，让书香溢满校园。

经过近三年大家齐心协力的奋斗，深中确实有很大的变化。从宏观上看，校园的整体环境得到了很大的改善，可谓“旧貌换新颜”。现在虽然还不能算是一流校园，但至少像一所比较好的校园。从微观上看，先是解决了学生宿舍老旧、冬天没热水的问题，现在新建的图书馆、学生宿舍、食堂、实验室、羽毛球馆等相继投入使用，这是较大的飞跃。

我想说一下学校新建的数字媒体中心，这应该是国内中学里条件最好的，学生们起的名字叫“ACES 电台”，是深中多年传承下来的。之前，负责电台的学生们每一次来找我，我都会跟他们聊一聊。我发现他们做的东西既有批判性思维又充满了正能量，所以就非常支持。后来学校投资 400 多万元为学生们新建了数字媒体中心。

陈志文： 我发现您很在意一些关乎学生、教师切身感受的细节小事。

朱华伟： 我觉得作为一所学校，首先得有一个好的学习和生活环境，因为学生和教师每天的学习、工作都很辛苦。比如，我们的食堂现在办得就很好，在大众点评上的评价是四星，老师们从早到晚都在学校忙工作，学生们是长身体的时候，必须得把食堂办好。

陈志文：实际上，通过这些细节，以小见大反映出了学校的态度、风格以及作风。很多学校都提出要“以学生为本”，但做到的不多。您虽然没提这个口号，但一直在这样做。

朱华伟：我常说，我在深中就是要为大家做好服务，和干部一起为教师做好服务，和教师一起为学生做好服务，我认为这是校长的基本职责。我们做的所有教育工作最终都是为了孩子能够更好地成长。

除了硬件改造，深中也非常注重校园文化建设，开展了许多校园文化活动。比如游园会、校园十大歌手比赛、校长杯足球赛、体育嘉年华，等等。“追求卓越，敢为人先”的深中精神已深深根植在师生心中。学校整体氛围积极向上、朝气蓬勃，师生都以学校为荣。

陈志文：校长就是为学生、为教师做好服务的。从这个角度讲，您认为一名中学校长需要具备什么样的能力？

朱华伟：作为一名中学校长，我认为第一是热爱。要热爱学生、热爱学校、热爱教育事业。在处理事情时，如果涉及家庭和学校，我肯定是把学校放在第一位；如果涉及个人和学校，肯定是把学校放在第一位。如果校长能长期这么做，就可以引领一所学校的风气。

第二是包容，包容不同性格、不同教学风格的教师，包容不同个性、特长的学生，为不同喜好、不同潜质、不同兴趣的学生提供发展平台。

第三是协调能力。作为校长，对内要协调好学校方方面面的事务，同时还要处理好学校对外的关系，为学校创造一个良好的办学环境。

第四是要先是个好老师。当好老师是做好校长的前提，不是好老师，就不可能做个好校长。校长的业务水平得到认可了，才能够引领其他教师成长和发展。

第五是做一个喜欢阅读的人，让阅读伴随一生，才能不断进步。

陈志文：如果让您给自己做一个阶段性总结，您觉得自己成功的地方是什么？您的优势是什么？

朱华伟：成功不敢说。这些年来，虽然我的工作岗位在不停变化，但我一直在做教育，从微观的数学教学，到宏观的教育管理。对教育的无限热忱，可以算是我的一个优势。

我的第二个优势就是勤奋。在42岁以前，我很少在凌晨两点前睡觉，我把时间看得非常宝贵。家人对我也很支持，让我一心一意读书、学习、教书、写作。

第三个优势是我做事认真、用心，对什么事情都一丝不苟，全身心投入、心无旁骛。

最后还是要说到阅读。坚持阅读，而且是读各种各样的书，对我来说意义重大。我认为，作为校长一定要广泛阅读，要阅读大量有关政治、经济、文化、教育、历史等各个领域的书籍。国内著名大学校长、中学校长关于办学的书我都读过，比如刘彭芝校长的《人生为一大事来》，唐盛昌校长的《终生的准备与超越》，对我的影响很大。读书的过程就是向别人学习的过程。

另外，这些年来，在每个关键节点我都会遇到好人，都会有人帮助我，包括朋友、长辈、老师、领导。

陈志文：究其原因，还是您的为人处事，让他们非常欣赏和信任。首先是您有能力胜任这份工作，其次是您的人品可以信赖，这是根本原因。

您刚提到了刘彭芝校长，你觉得她在哪些方面影响了您？

朱华伟：刘校长是我十分尊敬的前辈，她对教育事业的热爱，对学校工作的全心投入非常值得钦佩。她把整合的资源全部用在了办学上，为学校、为教师、为学生服务。

如何把学校经营好？在这方面我也受到刘校长的影响，充分利用各方资源提升学校的硬件、软件环境，一切从小事做起。比如，深中泥岗校区的建设，改变了原来的外观设计方案，建筑面积从 12 万平方米增加到 17.5 万平方米，这是非常难的。

高考改革政策：广东新高考方案相对温和

陈志文：人才培养的成功与否，与考试选拔制度息息相关。广东省新高考改革政策落地，实行“3＋1＋2”模式。您怎么评价这种模式？您又怎么看待新高考改革？这对于深中的教学实践是否会带来挑战？

朱华伟：广东新高考方案总体来说属于温和型高考改革，一方面，与旧方案相比，无论是考试时间、考试要求还是考试模式，都有很多相似性，没有给普通高中增加太多负担；另一方面新高考给考生的课程学习增加了一定的选择性，有利于学生个性发展，有利于学校特色发展。

新高考对于学生的综合素养要求较高，考试内容发生了一定的变化，无论是学生还是教师，都要转变观念，调整学法和教法。所以，新高考对于引导中学尤其是普通高中人才培养，重构课堂教学生态都有积极意义。

对于新高考带来的挑战，我们也做了一些应对。自 2003 年以来，深中分别探索了全选课、对开排课、长短课、大小课、小班化教学、专业教室教学模式、分层教学、体系制、导师制、学分积点制、学业采用综合性评价等。这些改革丰富了学校教师对人才培养模式的认知，现在看，其中的走班分层教学、导师制探索、学分积点制评价对于现在的新高考依然有很好的实践意义。

陈志文：在新高考下，深中的实践对于其他即将实行选课走班的中学有何借鉴?

朱华伟：我认为可以借鉴的有四点：

第一，学校应开设生涯规划课，对学生选课加强指导，选课走班对学校的学生管理提出了更高要求，否则教学效果不能凸显。选课分层教学不一定非要走班，相同情况下，行政班教学质量要高于走班教学质量。

第二，学分制是新课程标准中明确提出来的学业评价方式，学分制、积点制也是国际通用的课程学习评价方法，建议所有学校实施，学分反映课程学习能否达标，积点能够反映达标学生学习好坏。

第三，学业采用综合性评价非常有价值，综合性评价兼顾了学生的学习过程和最后的学习结果，让成长看得见一直是深中课程评价的指导思想。

第四，按需施教、按需选学是学校课程实施的理念，全面满足学生选科学习需求，不断改善学生学习环境，建议不要因为学校资源有限或排课有困难而采用菜单式选科，这与新一轮课程改革的根本目标背道而驰。

总而言之，新中国成立 70 年来，国家在经济、社会、文化等方方面面已发生了翻天覆地的变化。加上科技发展一日千里，世界格局深刻演变，具有中国特色的社会主义教育应该怎么办？如何立足中国大地，培养具有国际视野和国际竞争力的拔尖创新人才？这些都是当下中国教育者必须回答的时代命题。

我很幸运，个人伴随着新中国发展而成长，虽然岗位几经变化，但始终没有离开教书育人这个主阵地。近三年来，得以在深圳、在深中这样的平台上，为拔尖创新人才的培养出一份力、发一点光，并取得一些成绩，这是我个人的荣耀所在，也是使命与担当所在。

不久前，中共中央、国务院发布《关于支持深圳建设中国特色社会主义先行示范区的意见》，在深圳建市 40 年之际，吹响了这座先锋城市新一轮改革创新发展的号角。作为以这座城市名称命名的著名中学，深中责无旁贷，必须为深圳基础教育构筑更高的标高，为中国拔尖创新人才培养闯出一条先行示范的新路！我本人愿意为此竭尽全力，发光发热，不负国家与时代！

2019 年 10 月 18 日

2-4

新校区2020年9月启用，深中校长朱华伟：加快建成世界一流高中

深中新校区启用前夕，朱华伟校长接受《南方日报》《南方+》专访，“深中新校区9月启用，大幅扩招！校长朱华伟：加快建成世界一流高中”，阅读量500万+。《人民网》《今日头条》《南方都市报》《广州日报》《羊城晚报》《读特》《深圳晚报》《深圳新闻网》《壹深圳》《腾讯新闻》等同时转发。

位于深圳市罗湖区泥岗西路1068号的一项建筑工程目前正在紧张有序收尾，6月底，它将正式交付给深圳中学，9月作为其新校区启用。

这个总建筑面积 17.5 万平方米的新校区，对深圳市民、深中，以及深圳这座城市，都有着极为特殊的意义。

对深圳市民而言，它意味着孩子离深中更近了。

作为深圳老牌名校，深中可谓诸多深圳学子梦寐以求的理想校。随着新校区的启用，深中今年将大幅扩大招生规模，让更多学子有机会享受优质的高中教育。

对深中而言，它堪称梦想加速器。

2017 年 11 月 18 日，在深中建校 70 周年之际，朱华伟校长提出，深中将致力于“建设中国特色世界一流高中，培养具有中华底蕴与国际视野的拔尖创新人才”。深中要实现“世界一流”目标，当时最大的短板是校园环境和师资队伍。于是，朱华伟极力呼吁并推动深中新校区建设，2018 年初项目开建后，为了紧盯工程进度，他不顾机器夜夜轰鸣，搬到工地旁居住了两年半。从新校区的校园规划设计到外墙砖颜色挑选，他事无巨细、事事参与。

为实现办学目标储才蓄能，他极力倡导“让最优秀的人教育下一代，培养出更优秀的人”，仅用三年半的时间就引进了 100 多位哈佛、牛津、剑桥、北大、清华等世界名校毕业生和诸多经验丰富的优秀教师“加盟”深中。

对深圳市而言，深中新校区是为特区建立 40 周年献礼，并为深圳基础教育示范全国增加了底气。

“新校区今年 9 月投入使用，我们将加快建成中国特色世界一流高中。”朱华伟说，“今年是深圳经济特区建立 40 周年，深中将坚持改革创新的特区精神，为深圳基础教育构筑更高的标高，为拔尖创新人才培养探索出一条先行示范的新路，让深中成为深圳在世界舞台上的一张闪亮名片，同时也为先行示范区和粤港澳大湾区建设贡献深中力量。”

深中新校区今年将如何招生？新校区启用后，深中将发生怎样的变化？又有何底气加快建成世界一流高中……日前，深中校长朱华伟接受《南方+》独家专访进行详解。

今年新高一大幅扩招，从800人增加到2 140人

新增数理实验班

南方+：深中新校区今年的招生非常受外界关注，能否介绍一下大概情况？

朱华伟：深中一直以来都是千万学子的梦校，但过去受场地所限，我们每年只能招800人。今年秋季新校区启用，深中的招生规模将增加1 340人，共招收2 140人，其中增设了深中数理实验班。通过扩招，大大降低了录取门槛，让更多优秀学子能够有机会来深中读书，更大程度满足深圳学生对优质教育的需求，这也是深圳经济特区成立40周年，深圳市委市政府送给市民的一份大礼。

南方+：新增的深中数理实验班招生情况如何，举办数理实验班有何考虑？

朱华伟：为了给国家发展储备更多数学、物理、化学、生物、信息学人才，在省市相关部门的支持下，今年会开办深中数理实验班。数学、物理是自然科学的基础，是重大技术创新发展的基础，数理实力影响着国家实力。因此，重视并加强基础教育阶段的数学、物理等自然学科教育迫在眉睫，尤其是对于数学、物理等拔尖人才的早期识别和培养，给予这些好苗子一个适合的特殊的成长机会至关重要。

高一新生全部入读新校区

新校区助力深中加快建成世界一流高中

南方＋：新校区的启用，对深中意味着什么？学校将发生怎样的变化？

朱华伟：深中的始建校舍是只有几百平方米的二层建筑——张氏雍睦堂，1955年迁址晒布岭。几十年中学校数度改建，以至于现在的校园建筑风格不一、颜色各异，没有整体的规划设计；而且操场和教学区分离，给学生的学习、生活带来了诸多不便。可以说，深中的校园环境远远落后于深中的发展。虽然这几年我们又进一步对校园环境进行了改造提升，但离世界名校还是有很大的距离。

为了扩充深圳市优质高中教育资源，并致力于打造百年名校、千年学府，在深圳市委市政府、市教育局的大力支持下，深中新校区今年9月启用，届时我们的校园环境会得到很大提升，深中建设世界一流高中的步伐会加快。

拥有国家倾力培养具有国际竞争力拔尖创新人才的“天时”，

身处深圳经济特区的“地利”，以及优秀师生汇聚的“人和”，我们一定会加快建设中国特色世界一流高中的步伐，为深圳基础教育构筑更高的标高，为拔尖创新人才培养探索出一条先行示范的新路，助力深圳中国特色社会主义先行示范区建设和粤港澳大湾区建设。

南方+：新校区和东门校区今后将如何使用？

朱华伟：新校区并不是一所新学校，只是深中的物理空间发生了变化，它和现在的东门校区是一体的。深中先进的办学理念和卓越的精神文化会在新校区自然延续，深中强大的师资队伍和成熟的课程体系也会在新校区进一步成长和完善。

今年招收的高一新生将全部入读新校区。今后高一、高二以及高三国际方向学生都会在新校区就读，高三高考方向学生在东门校区就读。近期与北大物理学院共建的天文创新实验室、与清华物理系共建的朱邦芬院士工作站、与南京大学共建的先进光声功能材料实验室等新的创新实验室全部会落地新校区，东门校区的创新实验室和创新体验中心也会在新校区升级。

南方+：新校区的规划设计有什么亮点？

朱华伟：新校区的设计借鉴了哈佛大学、斯坦福大学、清华大学等著名学府的建筑风格，学校环境和硬件设施都堪称世界一流，也是我理想中世界名校的样子。新校区拥有 5 000 平方米的图书馆，有配备“兰引三号”天然草的标准足球场，以及游泳中心、田径场、乒乓球场、羽毛球场、篮球场、网球场、攀岩墙、跆拳道室、健身房、形体室等；学生宿舍沿笔架山河而建，沿河岸形成“绿色长廊”。

新校区配备“豪华版”师资团队
“最优秀的人一定能培养出更优秀的人”

南方+：新校区的师资配置会怎样？

朱华伟： 这三年多时间里，我们一直在为新校区的开办储才蓄能，引进了 100 多位高学历、高专业水平的优秀师资。2017 年 1 月我到任深中校长时，是学校第 3 个博士，目前深中有博士 60 余人，北大、清华毕业的教师 80 余人，哈佛大学、牛津大学、剑桥大学等海外顶尖名校毕业的教师 20 余人，教授、正高级教师、特级教师、竞赛金牌教练、名班主任共 40 余人——这在三年之前是不可想象的。

这些年深中引进的不仅有世界一流名校的应届毕业生，还有许多经验丰富的优秀教师。比如 2017 年入职的物理教师周启勇是全国优秀教师；2019 年入职的胡剑博士，曾就职于清华大学物理系和中国科学院国家天文台，还在德国 Max-Planck 天体物理研究所博士后工作站深造过。

这些人才的引进，没有任何特殊人才政策的支持，也没有外界猜测的高薪。他们的视野、胸怀，想要干事业的热情都让我特别感动。有了这样一批有情怀、有能力的优秀教师加盟，学校形成了经验丰富、教学业绩突出、学术水平扎实、结构合理的老、中、青相结合的教师梯队，目前深中的教师队伍已经是国内高中最强之一，数理化奥赛教练队伍国内最强、世界一流。

南方+：深中的“豪华”师资，究竟能为高中生带来什么？

朱华伟：一流的高中必须有一流的师资队伍。在师资队伍建设上，我非常喜欢引用著名教育家梅贻琦先生的一段话：“学校犹水也，师生犹鱼也，其行动犹游泳也。大鱼前导，小鱼尾随，是从游也。从游既久，其濡染观摩之效自不求而至，不为而成”。

教育是为未来培养人才的。科学精神与人文情怀、大胆质疑与批判性思维、坚毅执着与锲而不舍、科学推理与合情推理、提出问题与解决问题、时间管理与科学规划、团队协作与领导能力等，是未来人才应当具备的基本素养。我们不遗余力引进名校硕士、博士毕业生，看重的不仅是他们扎实的学科背景，还希望让这些优秀人才给予学生更多高端的学术引领以及思想熏陶。他们不只传授知识，更会用自己的视野和格局引领学生，用自己的人格和品行感染学生，用自己的习惯和性格影响学生，在人生观和价值观上给学生们影响，让学生们早立大志，存大格局。

我经常说：“你们希望你们的孩子成为什么样的人，就要希望你们的学生成为什么样的人；身为老师，你们自己是一个什么样的人，就会影响你们的学生成为什么样的人。”而深中这么多世界名校的毕业生，就是学生们为人处世、治学研究的榜样。

另外，深中诸多高端的创新体验中心和创新实验室，也需要一批具有较强科研能力的高层次人才，充分利用这些优质的平台和资源，指导学生进行科技活动，参加国际高端赛事，进而培养学生的动手能力和创新精神。

南方+：您说的引领，具体怎样实施？

朱华伟：比如除了上好学科课程外，我们还鼓励名校毕业生们结合各自的研究背景开设选修课，比如“天文学基础与前沿”“英语戏剧初探”“全球化思维”等。

2020年入职的魏鑫老师是牛津大学博士、波士顿大学博士后，曾在牛津大学任教，研究东方学、世界语言与文学，这样的老师给高中生讲解东方文化，视野和格局肯定不一样。

课程重新整合升级

助力拔尖创新人才培养

南方+：新校区启用后，课程方面会有怎样的优化和提升？

朱华伟：课程是育人的核心和载体。目前，我们为不同兴趣志向的学生提供涵盖28个课程群的300多门校本选修课，为不同学习能力的学生提供不同层次的教学班级。这些都是为了让学生按需选学，促进他们个性化、多元化发展。学生还可以根据自己的兴趣爱好自主创建丰富多样的社团，目前学校高中部有90多个社团，学生在社团活动中培养了兴趣、提升了综合能力。为了开拓师生的学术视野，我们已邀请了多位诺贝尔奖得主、两院院士、海内外著名学者为学生开设“深中大讲堂”。我们还搭建高端学术活动平台，让学生在国际比较中迎接挑战，拓展创新教育平台，持续丰富优质学习资源等。

为了更好地适应时代需要，自2018年开始，我们就着手对已有的课程进行重新整合和升级，接下来深中将以实施新课程新教材为突破口，以改革创新为动力，全面深化课程改革，全面落实《新课程新教材实施工作方案》，从课程、师资、管理三个维度，推进系列项目改革，形成系列优质研究成果。同时，我们还会结合国家“强基计划”，进一步完善拔尖创新人才培养体系，为国家拔尖创新人才培养贡献深中智慧。

南方＋：深中的创新实验室和创新体验中心是如何与高校、企业合作，联合培养拔尖创新人才的？

朱华伟：截至目前，深中已与清华、北大、中科大、上海交大、华为、腾讯、大疆、光启等著名大学、企业共建了18个创新体验中心和创新实验室。不同体验中心和实验室的运作方式不同，总体来说，会在硬件、师资、课程等方面进行合作，培养拔尖创新人才。

例如，我们与华大基因共建的创新体验中心开设了“趣味基因检测”课程，学生可以进入我国首个、全球第四大的深圳国家基因库参观学习；我们与中广核共建的清洁能源创新体验中心开设了“‘核’的科学”等课程，深中师生不仅可以进入大亚湾核电站及中微子实验室参观学习，中广核的专家们也会定期指导我们的学生参与课题研究或国内外相关比赛；我们与上海交通大学材料科学与工程学院建设的光伏发电创新实验室是国内中学首家。

我们还会与更多国内外顶尖大学、企业共建创新实验室和创新体验中心，也会引入国内外名校、创新教育机构研发的优质课程，通过这些高水平、开放性平台，更好地服务学生成长。

深中已进入国内高中第一方阵
将加快建成世界一流高中

南方＋：距离今年高考已经很近了，深中备考情况如何备受外界关注，能否介绍一下？

朱华伟：新冠疫情暴发以来，虽然经历了最长假期、网上授课、高考延期，但深中全体高三师生沉着应对、攻坚克难。在大家的共同努力下，我们的深一模成绩亮眼：深圳市理科前10名、前 50 名、前 100 名、前 200 名人数，深中均为全市第一，且每个分数段人数均占全市 50%左右；文科前 10 名、前 200 名人数，均为全市第一；文理科学生总平均分均为全市第一，其中理科学生总分平均分比第二名学校高近 20 分；A 档达线率（相当于一本率）96.5%，全市第一。

截至目前，深中 2020 届高三有 5 人获北大、清华保送，1 人被清华丘成桐数学英才班预录取，10 人获得北大、清华“强基计划”破格入围，人数位列广东省第一。

南方＋：您对深中发展未来还有哪些期望？

朱华伟：这三年多以来，深中取得了很大的进步，学校的进步得到了社会各界的高度评价，省市领导高度肯定学校的办学理念、办学成果，支持深中尽快建设世界一流高中。《人民教育》“改革开放中的学校变革”栏目在全国遴选四所名校，深中位列其中。可以说，无论是办学业绩，还是社会影响力，深中都已经进入国内高中第一方阵。

深中能有今天的成就，历任校长、历代老师都做出了巨大贡献，现在接力棒传到我手中，我一定要跑好这一棒，力争多为深中做点有价值的事情。

最让我欣慰的是，现在整个学校有着浓厚的干事、创业的氛围，深中师生的精神风貌焕然一新，全校上下心往一处想、智往一处谋、劲往一处使，大家齐心协力、只争朝夕，都在为实现世界一流高中的愿景而努力。我相信有了优化升级的校园和课程，有了世界一流的师生和文化，深中一定能够加快建成世界一流高中。

今年是深圳经济特区建立 40 周年，40 年前的南国渔村今日正在建设成郁郁葱葱的“文化绿洲”，并在世界舞台崭露头角。未来深圳要建成世界一流城市，需要世界一流的基础教育做支撑，因为教育是一座城市安身立命软实力的生动体现，是民族振兴和社会进步的基石；如果说教育是社会发展的基础，那么基础教育理应是基础的基础。

教育兴则城市兴，教育强则国家强。从教育规律看，学校办学各有特色，学生天资禀赋各异，要为优秀的学生提供最适合的教育，最好的发展平台；从深圳乃至广东的基础教育看，要先行先试，大胆创新，要有一所全国领先、与深圳和广东地位相匹配的世界名校；从国家发展看，我们要不遗余力培养拔尖创新人才，为国家屹立于世界民族之林贡献力量。这是深中担负的光荣使命，也是深中未来要走的追梦征途。

——本文刊发于《南方日报》2020 年 6 月 10 日 AⅡ 02 版

2–5

筚路蓝缕，以启山林

——在深中新校区揭牌仪式上的致辞

尊敬的各位领导、各位老师：

大家上午好，欢迎各位莅临深圳中学新校区揭牌仪式。

“筚路蓝缕，以启山林。”深中新校区 2018 年 3 月 6 日正式动工，经过两年半艰苦卓绝的建设历程，尤其是在疫情期间攻坚克难，终于迎来了今日的华丽绽放：新校园气势恢宏、典雅大气，有着百年名校、千年学府的气质和潜力。每每走进校园，我都感慨万千，因为在新校区开建之初，我就搬家住在工地旁，日夜关注工程进展，亲眼见证了新校区从当时的塔吊林立、钢筋水泥到如今的红砖灰瓦、廊腰缦回。

我清晰地记得，市委市政府主要领导在台风“山竹”来临前夕亲赴新校区工地视察指导，市政府领导在建设之初多次组织相关部门讨论设计方案。令我印象深刻的是，在一次讨论会上，我顶着巨大压力，力排众议坚持选择了如今的外观设计方案，它是我想象中的百年名校该有的样子；我很庆幸，也很感恩，这个想法得到了市政府领导的大力支持。正是有了数易其稿、几经提升的设计方案和各级领导的亲切关怀，才有了深中新校区今日世界名校的格局和气象。

借此机会，我代表深圳中学全体师生员工及四万余名深中校友，衷心感谢市委市政府、市教育局一直以来的正确领导和大力支持，感谢市发改委、市规划和自然资源局、市住建局、市水务局、罗湖区、福田区的支持与帮助，感谢市建筑工务署及所有建设者的辛勤付出，感谢广大市民的关心关爱。

建设世界一流高中是一项伟大的事业，一定会遇到各种预想不到的困难和挑战——这是我们近几个月的深切体会和切身感受。新校区不仅遇到了深中历史上最大规模的扩招，而且在规划、建设中需要攻坚克难，在交付使用的磨合期，也出现了各种各样的问题，比如宿舍床位不足、食堂餐位紧缺、宿舍电梯运力不够等。看到这些缺憾给学生带来的种种不便，我非常痛心和焦虑，常常夜不能寐……令人欣慰的是，大部分学生及家长对暂时的困难表示理解并全力配合学校。在市市场监督局和学校通力合作下，我们不到一周时间就通过配餐、优化食品作业等方式基本满足了学生就餐需求。同时，学校已向市领导请示：规划建设新食堂，在每栋学生宿舍楼外加装两部电梯，这些改进措施都得到了市领导的支持。

回望近几个月的经历：新校区启用的磨合期，疫情期间的种种限制，再加上大规模扩招带来的食堂、住宿、师资困难等多种因素、多种困境的叠加，有时令我身心俱疲、心力交瘁。我很感恩，在此期间有很多领导、同事、朋友及家人与我一起共渡难关。我更要感谢所有学生和家长对学校工作的理解和包容，感谢全体教职员工的默默付出和无私奉献，感谢各位领导的大力支持和鼎力相助。再次向你们表示衷心的感谢和深深的敬意，因为有了你们，才有了深中的今天。

“自信人生二百年，会当水击三千里!”目前，学校正在以日益可见的进步，向着越来越好的方向发展——这是深中蕴藉沉淀七十余年水到渠成的厚积薄发，亦是这座城市给予她的十足底气和磅礴力量。今年是深圳经济特区建立四十周年，四十年前的南国渔村已经崛起为国际化创新型城市，成为中国最重要的经济中心、金融中心、创新中心之一。

未来，深圳要建成全球标杆城市，需要全球标杆的基础教育做支撑；深圳中学使命在肩、责无旁贷。伟大的事业需要伟大的精神，深中人定会继续发扬“追求卓越，敢为人先”的深中精神，不负众望、乘风破浪，加快实现世界一流的办学目标，为深圳在新时代再创新局、再谱新篇做出新的更大贡献。

谢谢大家！

2020 年 9 月 28 日

2-6

提升基础教育质量，激发城市发展活力
——在全市基础教育改革发展大会上的发言

2020 年 12 月 3 日，朱华伟校长出席由深圳市委市政府举办的全市基础教育改革发展大会，并作主题发言，从师资、课程、集团化办学三个方面为深圳基础教育发展献言建策。

尊敬的各位领导、各位同仁：

大家好！

我汇报的主题是“提升基础教育质量，激发城市发展活力”。教育兴，则城市兴。深圳建设中国特色社会主义先行示范区，深圳教育理应在全国先行示范。借此机会，我向各位领导汇报三点想法。

一、加大师资培育力度

凡事皆须务本，兴校以人为重。近年来，越来越多基础教育学校通过引进名校毕业生提升教育质量。以深中经验来看，引育并举，为综合大学毕业的教师提供针对性、系统化教师教育，使“学术形态”较快地转换为“教学形态”，是师资培育的重中之重。

深中践行以人为本的管理理念，努力营造宽松和谐的工作氛围，善待每一位教师；在生活上关心他们：真诚地尊重、关爱所有教职员工，千方百计解决青年教师所遇到的各种困难；在工作上帮助他们：通过“青蓝工程”“树人计划”等项目，为每位青年教师配备教学导师，为青年班主任配备班主任导师；在思想上引领他们：开展系列培训，每年我都会结合个人的求学和工作经历，为新教师分享“漫谈青年教师成长”。

二、深入推进课程改革

因材施教是中华民族千锤百炼的教育思想。学生天资各异，实事求是，不拘一格，摒弃一刀切、增加课程弹性和多样性是办高水平基础教育的必经之路。

深中为学生提供充分的选课空间，并在课程设置和课程管理上取得突破：例如引入社会资源开设校本课程，开设深中博士讲堂（深中目前拥有60多位世界一流大学的博士），鼓励学生自主发起课程；打通初、高中课程衔接通道，最大限度实现学生在学业、生活、心理、人际等方面的贯通培养；探索体育、美育“在普及基础上提高、在提高指导下普及”的发展途径，使所有学生在高中毕业时至少掌握一项体育运动技能、培养至少一项艺术爱好，并为有体育、艺术天赋的学生提供高水平选修课程。加强高端学术课程建设，丰富学生社团活动：深中在国家课程的基础上开设涵盖科学精神、人文底蕴、学会学习、健康生活、责任担当、实践创新六个方面160余门校本选修课；与清华、北大、华为、腾讯、大疆等著名高校、企业共建19个创新实验室和创新体验中心，携手培养学生的创新精神和实践能力；100多个社团，为学生提供了充分的成长空间。

三、不断优化集团化办学

深中虽未成立教育集团，但自2003年以来在深圳、河源两地共办了7所共同体学校，覆盖小学到高中；通过选派优秀干部管理共同体学校，深中先进的办学理念和卓越的校园文化在各学校得以延续和传承。

深中办共同体学校，坚持办一所优一所。一方面以同课异构等方式共享各校优质课程资源，通过大教研组、大课题组等多种形式开展教育教学研究，充分发挥名优教师的辐射引领作用；另一方面针对具有学科特长的学生探索联合培养机制，利用深中优秀教师和优质课程为其提供培训，促进学生的充分发展。未来，我们会在市教育局的领导下，不断优化、稳步推进集团化办学。

“周虽旧邦，其命维新。”“十四五”时期教育改革发展面临着许多新的机遇和挑战，“志不求易者成，事不避难者进”。深中将牢记习近平总书记的殷切嘱托，“永葆‘闯’的精神、‘创’的劲头、‘干’的作风”，为深圳教育先行示范贡献自己的力量。

谢谢大家！

2020 年 12 月 3 日

2–7

奋进伟大时代，决胜世界一流

——在 2020 年深圳质量大会上的发言

2020 年 12 月 23 日，2020 年深圳质量大会召开。深圳中学获评 2019 年“深圳市市长质量奖特别贡献奖”，是深圳市市长质量奖设立以来首个获得该殊荣的教育单位。

颁奖词：

特别贡献奖：深圳中学！深圳质量，百年工程——它以塑造人类灵魂的高度追求卓越、敢为人先，致力于培养具有中华底蕴与国际视野的拔尖创新人才。从“按需选学”的多元课程打造、世界一流的师资队伍建设，到融合社会优质资源办学，它真正将家国所需和个人所长结合在一起，探索出一条人才强国、教育示范之路。

颁奖大会上，朱华伟校长发表获奖感言。

尊敬的各位领导、各位嘉宾：

大家好！

非常荣幸接受市政府授予深圳中学 2019 年度“深圳市市长质量奖特别贡献奖”。我谨代表深中全体师生员工及四万余名深中校友，向大力支持深中发展的市委市政府、市教育局及各级主管部门，向关心、关爱深中发展的社会各界人士，表示衷心的感谢和崇高的敬意！

弦歌不辍，薪火相传。深中今天所取得的荣誉，得益于深圳这座城市的发展，是建校七十余年历史积淀和一代代深中人前赴后继共同努力的成果。细究背后的逻辑，我从顶层设计、教师队伍、课程建设、学校文化等方面向各位领导汇报。

第一，建设中国特色世界一流高中。2017 年，在“中国特色社会主义进入新时代”和国家加快建设“双一流”的背景下，深中提出“建设中国特色世界一流高中”的办学定位和“培养具有中华底蕴与国际视野的拔尖创新人才”的育人目标。“中国特色”的教育必然是传承中华文化血脉、践行中国特色社会主义道路、服务国家发展的教育；“世界一流”的高中势必具有国际视野，能够为世界一流大学输送更多优秀学子，为国家、为人类培养更多杰出人才。为了实现办学目标，深中对标世界一流，出台《深圳中学中国特色世界一流高中建设方案》等系列文件。

第二，用优秀的人培养更优秀的人。深中极力倡导并积极践行“让最优秀的人教育下一代，培养出更优秀的人”，建设世界一流师资队伍。目前深中教师队伍中，博士教师 80 余人，北大、清华毕业的教师 100 余人，哈佛、牛津、剑桥等海外顶尖名校毕业的教师 30 余人。引进这些优秀人才，没有外界猜测的高薪，靠的是情怀、平台、关爱——他们愿意投身到基础教育事业为国育才；认可并追寻深中建设世界一流高中的宏伟愿景，愿意到地处改革开放前沿的深圳、深中干事创业，实现人生价值；深中践行以人为本的管理理念，努力营造宽松和谐的工作氛围，在生活上关心他们，在工作上帮助他们，在思想上引领他们。通过近年来的不懈努力，学校已经形成了一支热爱教育事业、学术水平扎实、教学业绩突出、结构合理的老、中、青相结合的高水平师资队伍。

市长质量奖
颁奖视频

第三，为学生搭建多元发展立交桥。深中一直以来努力营造“人人皆可成才、人人尽展其才”的良好环境，遵照“学校按需施教、学生按需选学”的课程观，在国家课程的基础上开设涵盖科学精神、人文底蕴、学会学习、健康生活、责任担当和实践创新六个方面300余门校本选修课，与北大、清华、腾讯、华为、大疆等著名高校、企业共建19个创新实验室和创新体验中心，携手培养拔尖创新人才。

第四，积极营造风清气正育人环境。办学特别需要好的文化氛围，拿“泡菜”打个比方，泡菜的味道决定于泡菜水，泡菜水好，无论是白菜、萝卜、黄瓜，泡出的味道都好，否则，结果相反。一个人的成长，第一靠天分，第二靠后天环境；我认为深中取得成功的原因，就是把泡菜水调得好。最让我欣慰的是，目前深中有着浓厚的干事、创业的氛围，全校上下齐心协力、只争朝夕，都在为实现世界一流高中的愿景而努力奋斗。

九万里风鹏正举，五千年云鹤长鸣。2020年9月1日，具有世界名校气度和风范的深中新校区华丽登场，这让更多学子有机会享受优质的高中教育，也是为深圳经济特区建立40周年献礼。新校区，新起点，新征程。深中将“以一往无前的奋斗姿态、风雨无阻的精神状态”，尽快建成中国特色世界一流高中，为深圳创建社会主义现代化强国城市范例、率先实现社会主义现代化贡献力量。

谢谢大家！

2020年12月23日

2-8

奋斗如斯，孤勇向前

——在学习贯彻习近平新时代中国特色社会主义思想主题教育读书班上的发言

各位老师：

大家上午好！

刚才我们学习了习近平总书记在2021年秋季学期中央党校（国家行政学院）中青年干部培训班开班式上发表的重要讲话。习总书记指出："年轻干部生逢伟大时代，是党和国家事业发展的生力军，必须练好内功、提升修养，做到信念坚定、对党忠诚，注重实际、实事求是，勇于担当、善于作为，坚持原则、敢于斗争，严守规矩、不逾底线，勤学苦练、增强本领，努力成为可堪大用、能担重任的栋梁之材，不辜负党和人民期望和重托。"下面，我与大家分享四点体会。

第一，对标一流，不断创新。

深圳中学的办学目标是"建设中国特色世界一流高中"，世界一流高中的办学格局和眼界不能等同于普通的高中，落实到行动中就是要对标世界一流，因势而动，不断创新。当前，中国教育的一个重要任务是贯彻落实党的二十大报告中指出的"全面提高人才自主培养质量，着力造就拔尖创新人才"，我在2017年提出的"培养具有中华底蕴与国际视野的拔尖创新人才"与党中央的要求是一致的，可以说我们走在了时代的前列。那么，怎么发现和培养拔尖创新人才？以清华大学、北京大学为首的一些大学率先进行了一系列改革，例如清华大学、北京大学均开设有英才班，进入国际数学奥林匹克中国国家集训队的学生可以免试进入清北的英才班。

近年来，清华大学、北京大学又开创了三个打破常规的新赛道，分别是清华大学数学领军计划（2021 年）、北京大学物理卓越计划（2022 年）和清华大学物理攀登计划（2023 年）——以上各计划每年招收均不超过 100 人，考试的范围和高考、竞赛完全不一样。正是为了适应这样的新形势，我们开设了相应的选修课，并将在今年新高一开办深圳中学数理英才班，同时成立三个博士工作室，旨在对标刚才提到的三个项目，研究考题、开发课程、制订培养计划。昨天我把深中数理英才班的介绍推文发给了相关领导和清华、北大的招办负责人，清华招办负责人说，深中是全国第一家。今天我为什么要重申这件事情？因为我们对这件新生事物的认识还不够充分、不够敏感，大家不要走惯了老路，就不愿意开辟新路。关于如何开辟新路子，你们一定要相信我的眼光，不能故步自封，不要因循守旧。

我学过科学史，读过数学史、物理学史，了解世界著名科学家的成长轨迹。不论是数学家还是物理学家，一般都有两类，以数学家为例，一类是从小天资聪慧，解技巧性题目能力过人，像 G. 波利亚、冯·诺依曼、保罗·厄尔多斯、陶哲轩等，俄罗斯也有一批这样的大数学家，他们中很多人是近 100 多年通过数学竞赛成长起来的数学家；还有一类数学家，他们不是从小就擅长于解技巧性题目，而是善于做研究。所以，丘先生开辟了一条新的赛道，即丘成桐数学科学领军人才培养计划，该计划通过考数学分析、高等代数和群论选拔人才；数学分析在大学学两年，群论是大学三年级以后的课程。领军计划已经开展了两年，深中有12人入选该计划，居全国前列，我一直在犹豫，深中到底要不要针对该计划实施相应的培养计划。2022年，北大发布了物理卓越计划，选拔考试内容包括普通物理、量子力学，甚至是广义相对论等，这些都是大学课程，深中有4人入选，也居全国前列。今年清华又增设物理攀登计划。这些计划与英才班不同，不是招收竞赛的学生，而是招收那些学习能力强，能够把大学数学和大学物理学好的人。这就坚定了要为这部分学生在深中开辟新赛道的想法，成立深中数理英才班。一方面，我们必须要早发现、早培养；另一方面，那些在数学、物理研究方面有天赋的学生，也非常需要这样的平台和机会来发展自己、成就自己，而不是被迫走在不适合自己的赛道上而看不到希望，这也是我一直倡导的“为学生搭建多元发展立交桥，让每个孩子都有出彩机会”的体现。

总之，通过这件事，大家一定要统一认识，在开展各项工作中不要墨守成规，“追求卓越，敢为人先”的深中精神绝不能只是喊喊口号，要落实到具体工作中，不断创新、不断超越。

第二，发现问题，解决问题。

一是要在自己平时的教育教学活动中敏于观察、勤于思考。试想一下，如果大家都对不合理的事情、不好的现象熟视无睹，这个学校还怎么发展？二是要在与国内外顶尖高中比较的过程中，找出自己的不足，善于学习别人的长处，补己之短。三是要在书本、文献的学习和研究中不断找短板、补差距，锐意改革，积极进取。

以深中的文科为例，之前一直被外界认为是深中的“弱项”，实际上综合考量下来我们的文科并不差，只是与深中的地位和理科有差距。同时，虽然理科是深中的传统强项，但是生动活泼的校园文化氛围一定离不开深厚的人文底蕴，所以我刚到深中时就大力提倡博雅教育，坚持“做人第一、做事第二”的理念，文理兼修、广博雅正。2019年，我提出在深中开办博雅班，并为其配备一流师资，建立了完备的课程体系，并由新引进的名校毕业生开设大量人文类校本选修通识课，这些课程均不指向高考，难度、深度达到大学水平。其实，起初大家对博雅班的意见并不一致，包括家长、学生也不是很积极，但是我们几年坚持下来，成绩显著：2022年高考历史方向全省第一名出自我们首届博雅班，历史方向73人参加高考，7人进入全省前100，这已经很不容易了；而今年的数据更惊艳，深二模历史方向前6名全部来自深中，前10名7个，前20名18个，前30名22个，前50名33个。试想一下，如果我们没有积极主动地发现文科相对弱的问题，满足于现状，我们文科现在大概率还是维持老样子。

还有一个典型的例子，就是近年进步最显著的深中竞技体育。我曾两次专门给体育科组老师开会，就深中的体育教学工作讨论如何让更多的孩子受益，让每个孩子都有一两项体育爱好，同时深中的竞技体育怎样才能尽快出成绩。我一直强调：“深中如果培养不出来世界著名运动员，我们的这个世界一流高中是要打折的。”可喜的是，我们的体育教学质量在大家的不懈努力下突飞猛进，节节开花。例如，羽毛球队的两名队员赖佳明和邓睿颖都不是体育特长生，但一个获得了全省第一，一个全市第一；这两年的深圳市四校联赛，每年6个项目，一共12个，我们拿了11个团体冠军。即便是之前一直落后的足球项目，今年也获得了深圳市青少年足球精英联赛（男子U17组）冠军。这都是大家善于发现问题，努力拼搏得来的结果。

善于发现问题、提出问题只是第一步，问题发现了、提出了，怎么解决？以科创教育中心为例，深中在2012年65周年校庆的时候挂了5个创新体验中心的牌子，但一直没有合适的场地，没有高水平的指导老师，更没有相应的专业课程。我发现这个问题以后，想到解决问题的第一步是：要找到合适的人做这件事，建立高水平的教师团队。科高尚强校长向我推荐了朱峰，朱峰不仅工作能力强，而且工作积极性非常高，来深中的第二年就凭借出色表现担任了信息技术科组科组长。很快，在我的具体指导下，深中的创新体验中心和创新实验室不仅都有了物理空间，而且老师和课程也都有了。今年新落成的工程技术创新体验空间，占地逾800平方米，在全国所有高中里应该是数一数二。有付出就会有回报，科创教育中心近年来喜报连连，最令我振奋的一个奖项是有“小诺贝尔奖”之称的英特尔大赛，也就是国际科学与工程大赛。我第一次跟朱峰谈话，就和他说我们要拿这个奖。经过5年的努力，今年田一丁同学进了国家队，代表中国赴美国参加比赛。现在回过头来看，我们的科创教育为什么会取得这样的成绩？首先就是要有愿景，有物理空间，有相应的企业和大学支持，然后就是引进了一批优秀的老师，除了朱峰，还有胡楠博士、高阳博士等。现在信息技术的团队非常厉害，不仅带队比赛成绩优异，而且开发了一系列高水平的课程。所以说，科学有效地解决问题，关键是人，关键是团队的建设。

第三，开阔视野，提高境界。

开阔视野、提高境界的根本途径，是进行广泛深入的学习。发现问题、提出问题的前提就是脑子里要有相应的知识储备，否则，即便你观察了，也无法提出高水平的问题，更解决不了问题。以解数学题为例，解题高手在拿到题目之后往往能够善于联想，能够把学过的定理、方法和经验用到这个题目上，打通已知和未知的联系，使问题得到解决。如果脑子里本来就没有那些定理、方法、经验，一定就解决不了。现在大家都熟知的ChatGPT，也是通过不断的学习，掌握全世界尽可能多的数据资源，才能达到如此高的智能化水平。

所以，大家一定要善于学习，向书本学习，向同事学习，向实践学习。大家之前所处的岗位不一样，不同部门的眼界不一样，思考的问题也不一样，都有可以互相借鉴的地方。现在大家都成长为校领导了，就不能还站在原来作为部门主任的角度思考问题，一定要以更高更全局的视野去思考问题。站位越高，思路越开阔，思考的结果和效果就会越好，才会有科学有效的工作策略。

第四，不屈不挠，锲而不舍。

如果看准一件事，就要坚持不懈，一心一意地做下去。来深中这么多年，一些当初看似办不成的事，最后都在我们百折不挠的坚持下办成了。例如丘成桐少年班的开办过程，从有这个想法，争取丘先生的同意，到说服市教育局领导支持，我真的是“想尽千方百计，说尽千言万语”，协调各种资源，克服重重困难。还有引进博士和名校毕业生的举措，当年在社会上引发了很多不同的声音。然而，我们最后用深中的办学业绩证明，这是一个正确的决策。深中这么多年引进博士和名校毕业生，看似是一个学校的事情，其实影响了整个广东省乃至全国的基础教育的师资格局。原来基础教育阶段的老师是以师范生为主，虽然人大附中等北京的学校引进过名校毕业生，但影响范围只限于北京，没有在全国形成示范效应。深中就在全国形成了示范效应，全国各地的中小学吸引了

很多综合大学的毕业生。任正非先生最近也表扬了这件事，他说："深圳前段时间的改革很好，博士生做中学老师、小学老师，这就是国家在进步"，"衡水中学有衡水中学的胜利方法，深圳中学也有深圳中学的方法，不能以深圳的教育模型来要求内地。多种教育模式，我们都要认同。"这件事也说明，在任老的视野里面，现在有个深圳中学了。

办学如登山，越是接近山顶，步履就会越艰难；越是这个时候，越是曲高和寡。"昨夜西风凋碧树，独上高楼，望尽天涯路。"有时候我会想，如果我不是一个孜孜以求、勇于革新的人，就不会这么辛苦，有时候也不会这么孤独。这种孤独感源于我的追求和目标，因为这个追求和目标往往领先时代，所以就显得自己很孤独。但是，我深知，想要建成世界一流高中，就一定要有这种孤勇者的气度和气魄，我们这群人就是孤独的探索者。正所谓"世之奇伟、瑰怪，非常之观，常在于险远，而人之所罕至焉，故非有志者不能至也"。所以我相信，只有以这种孤勇者的姿态对待工作，无畏艰辛、无惧挑战，才能无愧组织期待、无愧心中信仰，才能办成一个在深圳老百姓心目中的世界名校，为深圳先行示范贡献力量。

今天由于时间关系，我就说这么多，希望对你们有所帮助。说得不对的，你们多多批评，也希望引起大家的讨论。

谢谢大家。

2023 年 5 月 17 日

2-9

深中的“教育哲学”

——《上善之教》前言

何兆武先生《上学记》中有一段话让我印象深刻：“我想，幸福的条件有两个。一个是你必须觉得个人前途是光明的、美好的，可是这又非常模糊，非常朦胧，并不一定是什么明确的目标。另一方面，整个社会的前景，也必须是一天比一天更加美好，如果社会整体在腐败下去，个人是不可能真正幸福的。”

而我从读书到工作的经历，就一步步见证着我们的国家一天比一天更美好。我想，这也是我们这一代人幸福的源泉。

“念念不忘，必有回响。”

孟子曰：“君子有三乐。”这其中的第三乐——“得天下英才而教育之”，是我的座右铭。

我的经历比较丰富，可以说是“颠沛流离”，感觉搬了无数次的家。19 岁，我就在家乡河南汝南的一所高中担任数学老师，后来到武汉读研究生。毕业后，在武汉工作了九年，当过三年市数学教研员和六年区教育局局长。2000 年 9 月，从美国做访问学者回国后，辞去武汉市江岸区教育党委书记。2001 年 7 月，从武汉到珠海，任人大附中珠海校区校长。2004 年 2 月，应张景中院士之邀，我到了广州大学软件所，同年被评为研究员，接替张景中院士，担任软件所所长。张先生学高为师、德高为范，在做人做事上和在数学方面，都对我有很大的影响和帮助。在张先生的指导下，我的工作有声有色。2014 年 1 月，受广州市教育局局长屈哨兵教授之邀，任广州市教学研究室主任，负责筹建广州市教育研究院并担任创院院长，在教研院工作了三年。

虽然这些年换了很多岗位，但我感到最自豪的是一直没有脱离教育，没有脱离课堂。当年任教育局局长时，我一直坚持给学生上课。因为我喜欢数学，喜欢学生，热爱数学教育，热爱教育事业。我毕生的理想，就是办一所理想的学校。

由于长期担任国际数学奥林匹克中国国家队教练，我去过全国几乎所有的著名中学，唯独与深圳中学有着很深的缘分。早在 1992 年我研究生毕业的时候，时任深圳中学校长何恭伦给我写过三封信，说我是全国唯一不用面试就可以直接到深中工作的老师，并且解决家属工作和住房，只教选修课和奥数，培养超常人才。我一度以为这些信件在我多次的搬家途中散佚了，2019 年当我翻出其中一封信时，如获至宝，将它小心翼翼收好，存放在深圳中学国际数学资料中心。1992 年恰逢邓小平同志发表“南方谈话”，《深圳特区报》有一篇重大社论报道《东方风来满眼春——邓小平同志在深圳纪实》。我看完这篇文章之后激动不已，彻夜难眠，对深圳特区充满向往，但因为家庭原因和对武汉的感情，最终还是留在武汉工作。

我从事了三十多年的教育工作，有比较丰富的经历，也有很多想法，希望有一个平台能够最大化地实现个人价值，为教育事业贡献力量。2016 年 12 月，深圳市教育局任命我为深圳中学校长、党委书记。深圳市委市政府、市教育局高度重视教育，高度重视深中的发展，所以这一次来深中工作，我非常珍惜这个机会。

近三十年来，我与深中一直保持着密切的联系，长期频繁地到深中上课、辅导数学竞赛生。我曾开玩笑说，我是除深中老师外在深中讲课最多的人。所以这次到深中工作一点都不陌生，只是换了一个身份返回深中校园，这种感觉很奇妙。当时我最强烈的感受是：生活在中国特色社会主义新时代，奋斗在地处改革开放前沿的鹏城深圳，是正当其时，是人生大幸，深中将是我人生的一部分，我们将同甘共苦、互相成就。

2017 年深中建校 70 周年，是回顾学校发展历程、总结提炼经验、“勇立潮头再出发”的大好时机。用什么目标定位来凝神聚力，是一个全局性、方向性问题。2017 年 1 月 17 日，在深圳市教育局组织的深中干部大会上，我提出建设“国内领先、世界一流”高中。2017 年 11 月 18 日，在深中建校 70 周年纪念活动上，我代表逾 500 名教职工和近四万名校友向社会庄重宣布：“建设中国特色世界一流高中，培养具有中华底蕴与国际视野的拔尖创新人才”。时任广东省省长马兴瑞发来寄语，时任深圳市委书记王伟中发来贺信，深圳市政府领导、市教育局领导、深圳市高校领导及深中杰出校友代表等现场见证。

确立了新的办学定位之后，五年多来，深中全体师生同心同德，经历了风雨，也收获了荣誉；在深圳市委市政府、市教育局的正确领导和社会各界的大力支持下，我们奋发图强、持之以恒，学校各项事业蓬勃发展，稳步迈向新台阶，办学理念、师资队伍、课程改革、校园文化、国内高考、学科竞赛、国际教育、科创教育、艺体教育、服务社会等方面不断取得新突破。

“在普及基础上的提高，在提高指导下的普及。”

2019 年 4 月 24 日下午，广东省、深圳市主要领导视察深中，我说：“世界上几乎所有的著名城市都有自己的世界名校，例如英国伦敦的哈罗公学、美国纽约的史蒂文森中学、新加坡的莱佛士书院等。深圳要建设全球标杆城市，就需要有世界一流的教育，有自己的世界名校。”时任中央政治局委员、广东省委书记李希当即表示：“我特别赞成朱校长的观点，要有一所在世界上有地位的学校。”我回道：“毛主席说过‘在普及基础上的提高，在提高指导下的普及’，一味讲普及、讲均衡，没有高水平的引导，大家都会变得很平庸。”

深圳对拥有一流高中的渴望由来已久。在这个诞生了腾讯、华为等高科技企业，致力于将自己打造成竞争力、创新力、影响力卓著的全球标杆城市，却一直缺少一所具有世界影响力的高中。深中希望和华为、腾讯、大疆等知名企业一样，成为深圳的地标性城市名片。

“筚路蓝缕，以启山林。”

2020 年 9 月，深中新校区正式启用，高一招生人数从 800 人增加至 2 140 人，这是我们最艰难的一年。建设世界一流高中是一项伟大的事业，一定会遇到各种预想不到的困难和挑战，新校区不仅在规划、建设中需要攻坚克难，在交付使用的磨合期，同样出现了各种各样的问题，比如宿舍床位不足、食堂餐位紧缺、宿舍电梯运力不够等。看到这些缺憾给学生带来的种种不便，我非常痛心和焦虑，常常夜不能寐……令人欣慰的是，大部分学生及家长对暂时的困难表示理解并全力配合学校。在市市场监督管理局和学校通力合作下，学校不到一周时间就通过配餐、优化堂食供应等方式基本满足了学生就餐需求。

深中校园文化墙概览视频

回望那几个月的经历：新校区启用的磨合期，新冠疫情期间的种种限制，再加上大规模扩招带来的食堂、住宿、师资困难等多种因素、多种困境的叠加，有时令我身心俱疲、心力交瘁。我很感恩，在此期间有很多领导、同事、朋友及家人与我一起共渡难关。我更要感谢所有学生和家长对学校工作的理解和包容，感谢全体教职员工的默默付出和无私奉献，感谢相关领导的大力支持和鼎力相助，因为有了他们，才有了深中的今天。

深中的“教育哲学”

著名社会学家费孝通说：“各美其美，美人之美，美美与共，天下大同。”常言道：“孩子是祖国的花朵”，“十年树木，百年树人”。我们无法用一个标准评判所有花朵的美丽，因为每一个孩子都有一张天使般的脸庞；我们无法用一把尺子限定所有树木的成长，因为每棵树必将勾画出自己的年轮，正如每一个孩子都有自己的成长轨迹。

深中一直以来努力营造“人人皆可成才、人人尽展其才”的良好环境，遵照“学校按需施教、学生按需选学”的课程观，为学生搭建多元发展立交桥，为学生营造良好文化氛围，让每个人都有出彩的机会、拥有更广阔的人生。

五年多来，我最大的感触和心得是：

（1）校长全心全意为学校老师服务，校长和老师一起为学生的发展服务。

（2）教育的目的是实现学生的自由发展、充分发展、全面发展，学校要为学生搭建多元发展的立交桥，让每个学生都有出彩的机会。

（3）让最优秀的人教育下一代，培养出更优秀的人。好的教育在于你在一个好的学校里，遇到了一生可以效仿的典范和崇敬的榜样。

（4）办学特别需要好的文化氛围，拿“泡菜”打个比方，泡菜的味道决定于泡菜水，泡菜水好，无论是白菜、萝卜、黄瓜，泡出的味道都好。我认为深中取得成功的原因，就是把泡菜坛子的水调得好，一个人的成长，第一是天分，第二是后天环境，深中就创造了一个非常好的环境。

（5）爱是教育的灵魂，没有爱就没有教育。著名教育家夏丏尊先生说：“教育之没有情感，没有爱，如同池塘没有水一样。没有水，就不成其池塘，没有爱就没有教育。”

（6）好的外部环境和教育生态对学校的发展至关重要。深中有今天的成就，得益于深圳这座城市，得益于各级政府和社会各界的支持、关心、指导和帮助。

我想，以上六条是深中近年来能够取得长足发展背后的逻辑和深中一以贯之的“教育哲学”。

时间在变，环境在变，不变的是深中人的教育情怀和为学校发展而努力的坚定信念！深中能有今天的成就，历任校长、历代老师都做出了巨大贡献，现在接力棒传到我手中，我一定要跑好这一棒，力争多为深中做点有价值的事情。深中已经成为我生命中的一部分，为了学校的发展，我竭尽所能，夙夜在公，风雨兼程；希望今后能带领深中实现更大的发展，搭建世界一流平台、引进世界一流人才、干出世界一流业绩、办成世界一流高中，不负组织的培养、不负深中、不负深圳、不负这个伟大的时代。

自 2017 年 1 月以来，我在深中边实践、边思考、边总结，陆续在《人民日报》《人民教育》《中国教育报》《中小学管理》等报纸和期刊上发表了一些文章，在校内外大大小小的场合也积累了不少演讲、发言，在覃伟中市长的鼓励下，积攒梳理起来就成了现在这本书。如有疏漏不妥之处，敬请不吝赐教。

在此特别感谢深圳市委市政府、市教育局的正确领导和社会各界的大力支持，感谢深中的各位师生、家长以及我的家人和朋友，感谢一直以来关注、关心深中发展的各界朋友，感谢为这本书辛勤付出的各位深中同仁和朋友。

2022 年 10 月

第三辑

集团发展　引领示范

在深中担任校长以来，我对李强总理常提到的“四千精神”（走遍千山万水、说尽千言万语、想尽千方百计、吃尽千辛万苦）感受尤为深刻，也正是每一位深中人都在前行道路上攻坚克难、砥砺奋进，深中以及深中各集团校才有了今天的蓬勃发展。

3-1

砥砺前行，再谱新篇

——在深中龙岗初级中学校长任命大会上的致辞

尊敬的各位领导、各位同仁：

大家好！

首先，感谢龙岗区委、区政府，特别是区教育局和罗国亮校长，六年来带领着深中龙岗初级中学从一开始的艰难创校一步步走到了今日的成功；同时，深中龙初的成功也得益于深中派出的，以罗国亮为校长的团队多年来的辛勤耕耘，他们把深中的教育经验和教育智慧很成功地移植到了龙岗，移植到了深中龙初。

国内名校在深圳异地办学的有很多，但是真正成功的案例少之又少，很多是“南橘北枳”。而深圳中学这么多年扎根本土开办

共同体学校的理念一直是："要么不办，要么就办一所，优一所"。事实证明，也确实如此：比如大家都耳熟能详的深圳中学亚迪学校，在深圳有口皆碑。同样，深中龙初在短短六年就进入"全国初中百强排行榜"，并位列第 55 位，这是非常了不起的。下面，我讲四点期待。

第一，期待在三到五年内，深中龙初能成为深圳最好的初中之一。伴随着龙岗区近年来在经济社会领域的快速、高质量发展，相比深中龙初创校时的六年前，如今的区委、区政府以及龙岗市民一定也会对教育提出新的更高的要求，所以我们要有前瞻性，力争带领深中龙初在未来几年更上一层楼，成为龙岗教育的名片，回应龙岗区广大老百姓对教育的殷切期待，同时也能满足龙岗区所期望引进的高层次人才对子女优质教育的需求。

第二，期待姚亮不负重托，成为深中龙初优秀的接班人。姚亮是国际数学奥林匹克金牌教练，他在 2014 年辅导周韫坤同学荣获国际数学奥林匹克金牌。所以，推荐姚亮接任深中龙初校长，我们是忍痛割爱，但是为了龙岗区教育和深中龙初更好的发展，我相信这个决定是明智的。身为金牌教练，姚亮校长对老师、家长和优质学生的吸附能力会非常强。同时，他在深中任中层干部的时间很长，曾担任多年的竞赛中心主任，对学科竞赛有深入的了解，并且担任了一年半的深中南山创新学校副校长，对初中的教育管理也积累了一定的经验。希望姚亮校长积极服从上级的领导，充分利用深中的优质资源，尽己所学，尽己所能，将深中龙初带上新的高度。

第三，期待龙岗区委、区政府进一步加大对深中龙初的支持。一方面尽快完成两位校长的交接，另一方面要给予校长充分的办学自主权。我在很多场合都讲过西南联大的故事——西南联大能够在短短八年成为世界一流大学，主要有五个方面的原因：一是有一个好校长梅贻琦，二是有一批从欧美留学回来的博士做老师，三是有一批热血青年奋发图强、以学救国，四是当时的云南省政府主席龙云在极端困难的条件下仍大力支持西南联大，还有非常重要却常常被大家忽视的一个方面是，当时的国民政府疲于应付战争，其教育部对西南联大疏于管理，这在客观上给予了西南联大十分自由开放的发展空间，也成就了中国历史上一个高等教育传奇。所以，给予学校充分的办学自主权，给予一校之长充分的信任，对于一所学校的发展至关重要。

第四，期待龙岗区政府进一步加强教师队伍建设。市委书记王伟中今年视察深中时说了一句话："一个好校长和一批好老师，就能成就一所好学校。"目前深中龙初教师队伍的标准和格局还远远达不到我所说的"深圳最好初中"的水平，仍有很大的发展空间。具体怎么发展呢？我的建议是，首先向数学、物理、语文、外语四科进行一定的倾斜，在每一科分别引进一位高水平的老师。一个"牛人"就很有可能带出一个优秀的团队，这些优秀的团队会在全校辐射出更多优秀的老师，长此以往，整个学校的教师文化就会朝着正向积极的方向发展。

为什么一定要强调好老师的重要性？因为优秀教师的视野和格局肯定是不一样的，他们会帮助学生实现综合素质的发展，而不是单纯地瞄准中考，整天"刷题"，一味地搞应试。2019 年高考全省理科前 100 名，深圳市一共 18 人，深中占 10 人。很显然，当年的中考我们不可能录取全市前 18 名的 10 人，那么深中的成功经验是什么呢？深中的老师深知，只盯着高考肯定是没有前途的，一定要注重学生科学精神、人文素养等综合素质的培养，为学生成长搭建多元发展立交桥，让每个学生都能有出彩机会。所以，希望区教育局一定要重视深中龙初的教师队伍建设，这是推动深中龙初今后向高水平发展的核心竞争力。

以上是我的四点期待，最后我也表个态：在我任内一定全力以赴地支持深中龙初成为在深圳最好、在全国有影响力的初中。希望姚亮校长带领深中龙初在三到五年实现新突破。正如习近平总书记说的，“我们要一棒接着一棒跑下去，每一代人都要为下一代人跑出一个好成绩”。我坚信，深中龙初一定能办成深圳最好的初中！

谢谢大家！

2019年7月10日

3-2

衔枝育风，创享未来

——在深中坪山创新学校揭牌仪式上的致辞

尊敬的各位领导、各位老师：

大家上午好！

首先，我代表深圳中学向前来参加深中坪山创新学校揭牌仪式的各位领导、嘉宾、朋友表示热烈的欢迎！正所谓“风声雨声读书声声声入耳，家事国事天下事事事关心”，今天的揭牌仪式恰逢吉雨，寓意着良好的开端。

衔枝育风，创享未来。回想 2018 年国庆节前后，我和陶永欣书记一拍即合，第一次有了“深中坪山联手办教育”的想法，经

过近一年时间向上级请示及双方协商，在市委、市政府和市教育局的支持下，在陶永欣书记的努力下，2019 年 8 月 6 日正式签署协议，2020 年 8 月 12 日成立筹备小组。如今，经过艰苦卓绝的建设历程，一所现代化九年一贯制学校屹立于坪山石井。深中坪山校园延续了深中新校区的建筑风格，气势恢宏、典雅端庄，是一所面向未来的高标准智慧校园。

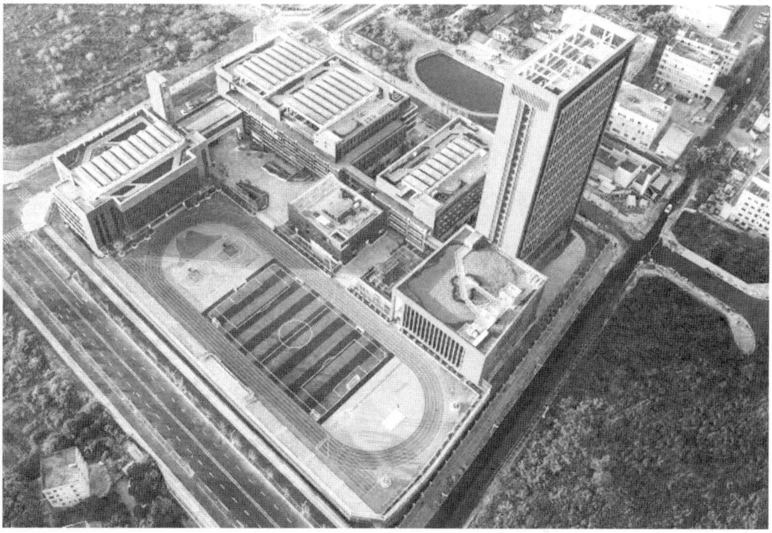

筹办一所新学校是一个浩大的工程，是一项造福千万学子的伟大事业。如人饮水，冷暖自知，深中坪山今日华丽绽放的背后，是筹备组成员数不尽的艰辛和不计日夜的付出，而他们背后的坚强后盾，是坪山区各级领导自始至终的指导和支持。借此机会，我代表深中全体教职员工，衷心感谢坪山区委、区政府和区教育局一直以来对深中坪山创新的殷切关心和鼎力支持，感谢区建筑工务署及所有建设者的辛勤付出，感谢广大市民的信任与厚爱。

建学校难，办学校更难。在成就一所一流学校的过程中，一定会遇到各种预想不到的困难和挑战。今天的雨就让我想到苏东坡《定风波》中的话："一蓑烟雨任平生""也无风雨也无晴"。东坡先生仕途坎坷，颠沛流离，尤其在晚年遭遇一贬再贬，"黄州惠州儋州"，但他始终以乐观豁达的心态消解心中的苦闷，既以文采超群垂芳千古，也以人格精神光耀青史。一所学校在其发展过程中也一定会遇到各种风风雨雨，但是我们始终坚信，上下同欲者胜，风雨同舟者兴，同舟共济者赢。

一所好学校的标志，关键是要有好校长和好老师。李芳胜校长在河源三年，将深圳中学河源实验学校建设成河源市最好的学校。如今来到坪山，担任深中坪山创新学校校长，再次创业。征途漫漫，前景辽阔。我坚信，在李芳胜校长的带领下，在全体教职员工的精诚团结下，深中坪山一定能发展成为全市一流的基础教育名校，为打造深圳东部教育高地、推进深圳东进战略贡献深中力量！

谢谢大家！

2021年8月27日

3-3

发扬“四千精神”，打造区校合作新典范

——在 TCL 公益基金会捐赠光明科学城学校仪式上的致辞

尊敬的各位领导、老师：

大家下午好！

春回大地，万物向荣。欢迎蔡颖书记和李东生董事长一行莅临美丽的深中新校区交流指导，在此，我代表深圳中学向各位的到来表示热烈欢迎和衷心感谢。

2022 年 1 月 20 日，光明区人民政府与深圳中学签署合作办学协议，那是我第一次到光明区，就对光明区留下了深刻的印象，深感这是一片干事、创业的热土。近年来，光明区在蔡书记的领导下，经济社会发展取得了日新月异的进步和令人瞩目的成就。2022 年 4 月，蔡书记在一次访谈中提道：“打造‘原始创新策源地’，努力攻克一批‘卡脖子’的关键核心技术”，充分彰显光明格局与担当。科技是第一生产力，人才是第一资源；十年树木，百年树人——期待深圳中学光明科学城学校依托光明优质平台，借助丰富科创资源，精心谋划、步步为营，努力建设成为具有科创特色的全国名校。

一所学校的高质量发展，离不开各级政府的领导和关怀，也离不开社会各界的关注和支持。六年来，深圳中学锚定“建设中国特色世界一流高中”的办学定位和“培养具有中华底蕴与国际

视野的拔尖创新人才”的育人目标，群策群力、拼搏奋进，取得了一定的成绩和荣誉。深中能有今天，得益于深圳这座城市，得益于市委市政府和市教育局的正确领导和社会各界的大力支持。今天牵手 TCL，深中倍感荣幸。我代表深圳中学再次向李董事长及 TCL 公益基金会表示衷心感谢。

TCL 是一家非常了不起，而且有温度、有情怀的企业，资助偏远山区，关心乡村教育。李董事长是令人敬佩的企业家，率领 TCL 从消费产品做起，诠释了中国制造业的崛起进程，并经过四十多年的发展实现产业转型升级。说起来只是短短一句话，但 TCL 今日成就的背后一定有万般艰难。

“玉非精琢难成器，铁经百炼而成钢。”不论是一区一市还是一校一企的发展，总会遇到各种挑战和千难万险。正如李强总理今年 3 月在人民大会堂重谈浙商“四千精神”时提道的：“走遍千山万水、说尽千言万语、想尽千方百计、吃尽千辛万苦”，在深中担任校长的六年来，我对这“四千精神”的体会非常深刻。也正是每一个深中人都积极传承着“追求卓越、敢为人先”的深中精神传统，攻坚克难、砥砺奋进，深圳中学以及深中各集团校才有了今天的蓬勃发展。

前路是崎岖的，未来是光明的。深圳中学期待与光明区人民政府、TCL 科技集团一道，共同打造区校合作新典范、科创教育新亮点，共同为深圳建设中国特色社会主义先行示范区，为实现中华民族伟大复兴培养拔尖创新人才贡献力量！

谢谢大家！

2023 年 4 月 4 日

3-4

大鹏一日同风起

——在深中大鹏学校开办仪式上的致辞

尊敬的各位领导、各位老师：

大家下午好！

日征月迈，朝暮轮转。2022 年 8 月 24 日，大鹏新区与深圳中学签署合作办学协议。一年后的今天，我们在此举办深圳中学大鹏学校开办仪式，共同见证大鹏学校的正式起航。

“大鹏之动，非一羽之轻也；骐骥之速，非一足之力也。”深中大鹏学校的顺利开办得益于市委市政府、市教育局的高瞻远瞩和正确领导，得益于大鹏区委区政府的精心谋划和鼎力支持，感谢大鹏新区各相关部门为深中大鹏学校的创办提供了强有力的组织支持、物质保障和运行支撑。

今年是深圳中学走过的第76个年头，一代代深中人76年的筚路蓝缕、拼搏进取才有了深中的今天。尤其是自2017年以来，深中围绕“建设中国特色世界一流高中，培养具有中华底蕴与国际视野的拔尖创新人才”，不断开拓创新、奋发图强、力争上游，学校发展进入了快车道，办学业绩得到社会各界的赞誉。2021年5月，覃伟中履新深圳市长后，第一时间莅临深中指导，要求深中到各区办学校，并指出深中到各区办学可以引领各区的教育向更高水平发展，带动更多学校向优质发展。秉持“办一所，优一所”的理念，深中近年来与龙岗、南山、坪山、福田、大鹏、光明、龙华各区开展合作办学，为深圳教育优质均衡发展贡献力量。大鹏新区是一片改革创新的沃土，希望深中大鹏学校不负众望，发扬深中“追求卓越、敢为人先”的精神传统，发展成一所具有一定影响力的基础教育名校。

第一，建设一流师资队伍，用优秀的人培养更优秀的人。一支优秀的教师队伍才能成就一所优秀的学校。我经常说：“什么是好的教育？好的教育，在于你在一个好的学校里，遇到了一生可以效仿的典范和崇敬的榜样。”各位老师一定要坚定地“做学生锤炼品格的引路人，做学生学习知识的引路人，做学生创新思维的引路人，做学生奉献祖国的引路人”。

第二，构建具有大鹏特色的课程体系。在课程设置方面，希望深中大鹏学校一方面要发扬深中精神，借鉴深中宝贵的课程改革经验，另一方面也要融入大鹏基因，因地制宜，分目标、分学段、分类型推动创新素养培养，如开展农业劳动实践相关课程、建设农业教育实践基地、开设海洋课程等，促进学生全面发展、健康成长。

第三，营造良好和谐的校园文化氛围。以培养一批具有中国精神、国际视野、创新素养的新时代少年为目标，引导学生树立正确的世界观、人生观、价值观，用脚步丈量祖国大地，用内心感受时代脉搏，帮助学生在时代的巨浪中成长为力争上游的浪花，托举起国家的巨轮扬帆远航。

“大鹏一日同风起，扶摇直上九万里。”办好一所学校，造福一方百姓，孩子们的每一个梦想，家长们的每一份期待，都是一份沉甸甸的责任。期待在大鹏新区党工委、新区管委会、新区教育局的领导下，吴涛校长带领深中大鹏学校传承深中优秀的教育理念和教育智慧，牢记使命、奋勇前行，努力提高办学品质，把深中大鹏学校办成优质学校、示范学校，为推动深圳教育的高质量发展贡献深中力量。

谢谢大家！

2023 年 8 月 25 日

3-5

追光而遇，沐光而行

——在深圳中学光明科学城学校开办仪式上的致辞

尊敬的各位领导、各位老师，亲爱的同学们：

大家上午好！

秋风陌上行，山水共光明。2022 年 1 月 20 日，深圳中学与光明区人民政府签订合作办学框架协议，一年多来，在光明区委区政府、区教育局的正确领导下，在区工务署等部门的大力支持下，在施工单位和所有工作人员的辛勤努力下，光明教育的新亮点、光明市民的新打卡地——深圳中学光明科学城学校华丽登场。在此，向一直以来关心、支持学校建设的社会各界朋友表示衷心的感谢！

站在新的起点上，希望深中光明科学城学校牢记嘱托，不负使命，乘风破浪，砥砺前行。借此机会，我给学校提三点期待。

第一，精心培育一流教师队伍。教师是推动学校发展最核心的力量，学校要大力引进并培育一批高水平的优秀教师。作为一所新开办学校，深中光明科学城学校集聚了一大批青年才俊，暑假期间，我曾以自己的成长经历为各位教师讲座“漫谈青年教师成长”，学校一定要关爱教师、善待教师，扎扎实实做好青年教师的培养工作，充分发挥并不断激发青年教师创新创造、担当作为、干事创业的活力，建设一支“有理想信念、有道德情操、有扎实学识、有仁爱之心”的优秀教师队伍。“春蚕到死丝方尽，蜡炬成灰泪始干。”古往今来，人们把教师比作蜡烛，燃烧自己照亮别人，以歌颂教师的奉献精神。希望深中光明科学城学校不仅要引领教师成就学生，而且要帮助教师实现自我，成为大先生，让每一位教育工作者在照亮他人的同时，也照亮自己。希望青年教师胸怀凌云志，莫负青春时，牢记并践行陶行知先生的名言：“人生为一大事来，做一大事去”。

第二，尽心构建特色科创课程。深中光明科学城学校在发展科创教育方面有着天然的地理优势，例如依托光明区国家科学城的优质资源，与科学城著名高校、企业、实验室等合作，建立校园内的体验、探究中心与探究实验室，同时不断创新科普形式，打造适合不同年龄段青少年认知与兴趣点的高质量科创课程，将科学知识与日常生活结合起来，寓教于乐、寓学于趣，让学生在更多场景式、体验式、互动式、沉浸式的科普教育活动中动手、动脑，学知识、爱科学，弘扬科学家精神，从小播下科学的种子。

第三，用心营造和谐校园文化。文化是一所学校的灵魂，更是一所学校的精气神。学校的“精气神”提起来了，自然就会焕发出源源不断的生机与活力。“积力之所举，则无不胜也；众志之所为，则无不成也。”希望深中光明科学城学校全体师生员工群策群力、众志成城，根植深中优秀的文化基因，传承深中“追求卓越、敢为人先”的精神传统，培植科学土壤，夯实创新之基，稳步发展成为“具有科创特色的全国名校”。

潮平岸阔催人进，风起扬帆正当时。期待深圳中学光明科学城学校在光明区委区政府、区教育局的领导下，在黎治国校长的带领下，以坚如磐石的定力、以挺膺担当的姿态，追光而遇、沐光而行，在年轻有为的光明大地上谱写属于自己的绚丽华章。

谢谢大家！

2023 年 9 月 21 日

3-6

精工铸校园，奋斗谱新篇
——在深圳中学龙华学校启航仪式上的致辞

尊敬的各位领导、各位同仁：

大家上午好！

精工铸校园，奋斗谱新篇。很高兴与大家相聚在新落成的深圳中学龙华学校，共同见证深中在龙华这片热土上播下教书育人的种子，期待“追求卓越、敢为人先”的深中精神在这里发扬光大，再创辉煌。在此，我代表深中向龙华区委区政府、区教育局、区工务署等关心、支持和参与学校建设的各个单位表示衷心的感谢和诚挚的敬意，大家的全力付出让我们切身感受到了“无奋斗，不龙华”的实干精神。

“艰难方显勇毅，磨砺始得玉成。”深中龙华学校是龙华区委区政府和深中共同打造的一所高标准九年一贯制学校，致力于培养根植中华文化、具有国际视野，敢于探索、勇于创新的未来人才。学校的一砖一瓦凝聚匠心，一草一木见证岁月，值此新校启航之际，我提三点期待与大家共勉。

第一，建设涵养教育家精神的师资队伍。教师是立教之本、兴教之源，承担着让每个孩子健康成长、办好人民满意教育的重任。大力弘扬教育家精神，是新时代赋予人民教师的崇高使命，是广大教师共同追求的价值目标。深中积极倡导并践行“让最优秀的人教育下一代，培养出更优秀的人”的师资理念，深中龙华学校以此为精神指引，目前已初步形成了一支业务过硬、素质优良、充满活力的教师队伍。期待深中龙华学校的教职员工坚定心有大我、至诚报国的理想信念，涵养启智润心、因材施教的育人智慧，秉持勤学笃行、求是创新的治学态度，为深中龙华学校的发展持续注入能量。

第二，搭建具有科创特色的课程体系。目前，深圳正全力打造粤港澳大湾区国际科技创新中心，通过重大战略平台孕育新质生产力。课程是立德树人的载体，如何将深圳与生俱来的科创基因融入学校课程中，如何将数字龙华、都市核心的区域发展定位与学校课程建设相结合，是我交给深中龙华筹备组的思考题。今天，深中龙华学校富含科创特色的综合课程体系已见雏形，“数学探索馆”“乐创智造探索中心”“拼搭编程探索中心”“AI 体育运动空间”等功能场馆提前布局，小初贯通的“凤凰木课程体系”逐步完善。希望学校后续能够用好、用足这些资源，让孩子们从小在心中播下科学的种子，在科技的海洋里尽情遨游。

第三，营造自主开放包容的校园文化。蔡元培先生说：“教育者，非为已往，非为现在，而专门为将来。”当前，世界百年未有之大变局加速演进，第四次工业革命呼之欲出，ChatGPT、Sora等大模型如雨后春笋般涌现。唯创新者进，唯创新者强，唯创新者胜。深中龙华学校已经迎来首批小一和初一的优秀学子，希望学校不囿于传统，不拘泥于形式，营造开放包容的教育环境，为学生提供自由思考、自主探索的空间和多元成长的路径，鼓励他们勇于探索、敢于创新，在做中学、在乐中学，在学中创新、在创新中成才。

“看似寻常最奇崛，成如容易却艰辛。”今天，深中龙华学校在大家的关爱下奋楫扬帆，期待未来我们携手并进，共育桃李满天下！

谢谢大家！

2024 年 9 月 3 日

3-7

不负重望，扬帆起航
——在深圳中学高中园开学典礼暨启用仪式上的致辞

尊敬的各位领导、老师，亲爱的同学们：

大家上午好！

雨后风凉暑气收，庭梧叶叶报初秋。今天，我们齐聚一堂，怀着无比激动的心情，迎来了一个具有里程碑意义的时刻：在这个充满希望与梦想的深汕特别合作区，我们共同见证深中高中园的开学典礼暨启用仪式——这是深汕特别合作区教育事业的一大盛事，更是深圳市委市政府在教育领域深化改革、促进教育优质均衡发展的重要举措。

在此，我代表深圳中学，向深圳市委市政府、市教育局、深汕特别合作区管委会及在深中高中园项目建设过程中付出艰苦努

力的相关单位表示衷心的感谢！感谢各位领导一直以来的关心关怀，感谢社会各界的鼎力支持！

旗帜引领方向，使命凝聚力量。三年前，为了推动基础教育高质量发展，深中勇挑重担，积极响应市委市政府“扩规模、提质量、促公平”的号召，承办深汕深中高中园。深中高中园招生总规模 9 900 人，是深圳市招生规模最大的高中园区。深中高中园从一开始就备受各级领导和社会各界高度关注，并被寄予厚望。在坪山区政府的大力支持下，深中高中园已圆满完成为期一年的借址办学任务。如今，深中高中园已组建了一个以深中本部选派的干部为核心的管理团队和一支由深中本部选派的学科带头人、全国各地引进的高级教师与重点院校毕业的优秀硕士应届生组成的高学历、高素质、结构合理的教师队伍。

更值得一提的是，近一年来，深中不遗余力地与中国科学技术大学、北京理工大学、哈尔滨工业大学分别签订了基础学科（数理）人才培育基地学校、科技人才培养基地学校、创新人才培养基地学校战略合作协议，将中科大-深中数理实验班、北理工-深中理工实验班、哈工大-深中创新实验班分别落户在深中高中园三所高中（数理高中、科技高中和实验高中）；三所高中分别基于三个大学培养基地招收四个行政班，以大中衔接的培养模式，探索特色化办学和创新人才培养新途径。可以说，我们已经为深中高中园高起点高质量办学做好了全面而充分的准备。

千川汇海阔，风正好扬帆。教育事业是一项伟大的事业，历史的重任落到了我们肩上，我们唯有勇毅前行，期待深中高中园继承深中优良的办学传统，创新发展一园三校，深化教育教学改革，不负众望、开拓进取、扬帆起航；教育事业更是一项充满挑战的事业，一定会遇到各种预想不到的困难和挑战，但我坚信：深中高中园在市委市政府、市教育局和深汕特别合作区管委会的正确领导和大力支持下，一定不负社会各界的殷殷重托，全面贯彻落实好党的教育方针，围绕“立德树人”根本任务，努力办好人民满意的教育，为深圳市、深汕特别合作区的发展注入新动能，为伟大的教育事业谱写新的辉煌！

谢谢大家！

2024 年 9 月 12 日

3-8

器大者声必闳，志高者意必远
——在国际教育分享会开幕式上的致辞

尊敬的各位来宾、各位老师、各位家长，亲爱的同学们：

大家上午好！

今天，深圳中学携手万科梅沙书院举办国际教育分享会，共同探讨国际教育议题。我代表深圳中学，向大家的到来表示热烈的欢迎！

2020年伊始，突如其来的新冠疫情席卷全球，波及全球200多个国家和地区。疫情当前，曾经备受关注的国际教育面临巨大挑战；是否还要继续选择出国留学，在哪个学段，去哪里留学，如何准备留学，成为当下学生及家长十分关心的话题。

2020年6月，《教育部等八部门关于加快和扩大新时代教育对外开放的意见》（以下简称《意见》）正式印发。《意见》指出，教育对外开放是教育现代化的鲜明特征和重要推动力，要以习近平新时代中国特色社会主义思想为指导，坚持教育对外开放不动摇，主动加强同世界各国的互鉴、互容、互通，形成更全方位、更宽领域、更多层次、更加主动的教育对外开放局面。

疫情对出国留学的影响是暂时的。《意见》强调，将继续通过出国留学渠道培养我国现代化建设需要的各类人才，将积极开拓优质教育资源合作渠道，拓展出国留学空间。同时，下大力气完善“平安留学”机制，将应对疫情过程中摸索出的行之有效的做法进一步制度化、常态化，为广大学子实现留学梦保驾护航。

习近平总书记在博鳌亚洲论坛2018年年会开幕式上说：“我要明确告诉大家，中国开放的大门不会关闭，只会越开越大!”这句话同样适用于“后疫情”时代的今天。从更高的层面、更长的时间维度来看，中国对外开放的大方向不会变，中国对高素质、国际化人才的需求不会变，学生走向更广阔世界舞台去学习、去探索的愿景不会变，因而国际教育长期向好的趋势不会变。

长久以来，如何在中国这片沃土上开办国际教育，都是一个重大议题。如今，疫情带来的冲击，与其说是挫折和困难，不如说是机遇和挑战，是一次让学校和学生，乃至中国的国际教育行业去静心思考、优化沉淀的契机。深圳中学和万科梅沙书院都在不遗余力地应对此次挑战：目前，两所学校都开设了AP和A-Level课程，可以满足学生申美和申英的不同需求，也与我国香港地区和日本、加拿大等地的大学开展合作项目，为学生提供多元选择。2021年1月，深中与美国普林斯顿国际数理学校举行了建立友好学校的云签约仪式，两校将课程共享、共促发展；2020年上半年，为了在新校区给学生搭建更多优质的科技创新平台，深中在疫情期间克服重重困难，与北京大学、清华大学、南京大学分别共建天文创新实验室、朱邦芬院士工作站和先进光声功能材料实验室，并举行云签约揭牌仪式。

搭建高科技平台是基础，支持学生开展学术活动是目的。深中和梅沙两所学校都积极为学生提供参加国内、国际大赛的支持和辅导，虽然很多国际比赛因为受到疫情影响改为线上进行，但这并不影响学生们参赛的热情和高水平发挥；“全球第一”“全国第一”的字样，屡屡和深中学子一起亮相新闻，这几个汉字并不只是听上去那么简单，背后凝聚着深中师生无数的心血。高端学术活动只是多彩校园生活的一部分，自由与民主、开放与包容是深中学生文化的特色，学校搭建了丰富的平台，给予学生自由选择的空间，鼓励学生在真实的实践中学会选择、学会承担、规划自我发展；丰富的学生社团、活跃的学生组织和直接参与学校政策制定的民主环境，都让学生能在高中这人生中最美好、最丰沛的三年尽情挥洒自己的热情，在校园常常听到学生发出这样的感叹：“深中的生活太精彩，以至于怎么过都是一种浪费。”

越优秀的学生，越需要优秀的老师引领。近年来，深圳中学引进了来自牛津、北大、清华等世界名校的80余位博士，40余位哈佛、牛津、剑桥等海外顶尖名校毕业生，高素质、高水平的教师队伍言传身教，助力学生们实现着从学术到人格的全面发展；这些优秀的青年教师对教育充满热情，充分保护着学生兴趣的火种，点燃着学生进取的热情，引导着他们自主地去发现、去探索。

善作善成，久久为功。我们每一位老师坚持以敬业奉献的职业精神，用对每一位学生负责任的态度，更用优异的升学录取结果，诠释了国际教育的应有之义。2021年申请结果逐渐出炉，在大环境总体不利的情况下，深圳中学逆流而上，再创辉煌——外界评价深圳中学是公立收费、国际教育、一流成绩。梅沙的录取成绩三年来节节攀升，今年再创新高，斩获藤校录取，艺术升学领跑深圳。

“教育决定着人类的今天，也决定着人类的未来。”一个人的视野，能够决定他未来发展的水平和高度；一所学校的格局，能够决定它教育的广度和深度；一个国家的战略定位，能够决定它在整个国际格局中的地位。人类现实社会就是一个矛盾的统一体，有许多矛盾，也有许多追求的共同点。我们可以把这些共同点汇集为：和平发展、合作共赢。“人类命运共同体”就是在这样的背景下应运而生，自提出以后便成为推动全球治理体系变革、构建新型国际关系和国际新秩序的共同价值规范。

我们的国际教育是在人类命运共同体背景下的国际教育，是扎根中国大地的国际教育，是旨在面向中国的未来，去培养具有全球观、大局观人才的教育。深圳中学的办学定位是：建设中国特色世界一流高中。一方面，“中国特色”的教育必然是传承中华文化血脉、践行中国特色社会主义道路、服务国家发展的教育；中华文化积淀着中华民族最深沉的精神追求，是中华民族生生不息、发展壮大的丰厚滋养。民族性是国际性的根基，只有立足于本民族的文化，坚守本真、继承民族特色，建立文化自信与身份认同，我们才能寻求和推动平等的国际交流与国际对话。另一方面，“世界一流”的高中势必要放眼全球，接轨国际标准，并且能够为世界一流大学输送更多优秀学子，为社会和国家培养更多杰出人才；我们坚信，世界一流高中的学生应该是理解多元文化、通晓国际规则、具有扎实学术基础、具备创造力和国际竞争力、具有中华底蕴与国际视野的拔尖创新人才。没有中华底蕴，没有民族文化的认同感，在世界舞台上也很难受到尊重；拥有国际视野，才能让我们更加懂得如何“用世界的眼光看中国”，如何在全球化的浪潮中发出中国声音，讲好中国故事，并且为推动世界进步作贡献。

“器大者声必闳，志高者意必远。”构建人类命运共同体是时代赋予我们的宏大命题，也是一个需要一代又一代人接力才能实现的目标。深圳中学和万科梅沙书院始终相信国际教育未来可期，期待我们培养的学生越来越多地走向世界舞台，不仅成为各行各业的领袖人才，而且还要融入国际事务，甚至影响、引领国际事务，为国家、为世界、为人类文明进步贡献力量！

谢谢大家！

2021 年 4 月 24 日

附　录

附录 1

守正创新，追求卓越

——深圳中学 2017 年 1 月—2024 年 9 月大事记

2017 年

学校发展篇

1. 1 月，深圳市教育局在深圳中学召开干部会议并宣布：朱华伟同志担任深圳中学党委书记、校长，朱华伟校长在就职演讲中提出：追求卓越，争创一流，将深圳中学建成“国内领先、世界一流”高中。

2. 3 月，与中科大、科大讯飞共建中国科学技术大学语音识别创新实验室和科大讯飞创新体验中心，科大讯飞董事长刘庆峰莅临深中大讲堂，讲座主题为“让世界聆听我们的声音”。

3. 3 月，与加拿大阿尔伯塔大学数学与统计科学系荣誉退休教授刘江枫先生合作建立深圳中学数学创新实验室。

4. 4 月，深中微信公众号推出《深中学子》栏目，11 月首次将深中学子成长故事结集成书，由清华大学出版社出版《走进著名大学——深圳中学学子成长启示录（2017）》。

5. 5 月，与香港中文大学（深圳）签署共建智能机器人创新实验室和优质生源基地合作协议，香港中文大学（深圳）校长徐扬生院士莅临深中大讲堂，讲座主题为“聪明能干的机器人”。

6. 9 月，与华为合作设立“深圳中学-华为特殊人才奖”，为偏才、怪才提供成长沃土，合力发掘、培养拔尖创新人才。

7. 11月，朱华伟校长接受《南方都市报》专访——“深中以深圳命名，理应努力冲刺世界一流”。

8. 11月，《中国教育报》刊发朱华伟校长署名文章《深圳中学：建设中国特色世界一流高中》，从时代命题、历史沿革、未来愿景和五大举措四个方面解读学校顶层设计。

9. 11月，举办以“使命与辉煌”为主题的建校七十周年纪念活动，广东省委副书记、省长马兴瑞，深圳市委书记王伟中发来寄语和贺信，深圳市市长、副市长、市教育局局长等领导亲临盛会，朱华伟校长在大会上提出“建设中国特色世界一流高中”的办学定位和“培养具有中华底蕴与国际视野的拔尖创新人才”的育人目标。

10. 11月，获评广东省文明校园、第一届全国文明校园及第二批全国心理健康教育特色示范校。

师生发展篇

国内高考：全省理科前50名10人，前100名13人，前200名25人，前500名50人，广东省第一；全省文科前50名2人，前100名6人，前200名12人，前500名23人，深圳市第一；QS世界大学排名前100的中国大学录取83人，其中北大、清华录取30人，广东省第一。

海外升学：17人获美国排名前十的综合性大学和文理学院录取，10人获藤校录取，创下历史新高；在申请美国方向的191名同学中，179人取得美国排名前50学校的录取通知；除了传统申请方向美国，世界各地的顶尖名校牛津大学、剑桥大学、墨尔本大学、悉尼大学等也纷纷向深中学子伸出橄榄枝。

1. 5月，朱华伟校长获2017年广东省教育教学成果奖（基础教育类）一等奖。

2. 5月，高中物理科组获广东省五一劳动奖状。

3. 7月，民乐团获广东省“央音”全国青少年艺术展演器乐类金奖和优秀组织奖。

4. 7月，翁翊翔、年子丰和崔爱迪同学获第五届全国中小学生语文素养大赛全国总决赛一等奖。

5. 8月，足球队获2017年全国青少年校园足球夏令营第八营区初中组冠军。

6. 11月，深中代表队获国际基因工程机器大赛（iGEM）全球金奖，创下中国（不含港澳台地区）高中队伍历史最佳成绩。

7. 12月，潘明昊同学获第十届丘成桐中学科学奖（数学）全球总决赛铜奖，并列全国第一。

8. 全校教师共发表论文42篇，出版著作31部，新立项课题5项，获奖成果3项，在教学、论文、命题等比赛中获奖励40项，24人获国家、省、市级各项荣誉。

2018年

学校发展篇

1. 1月，南方科技大学副校长汤涛院士莅临深中大讲堂，讲座主题为“如何成为一名科学家”。

2. 2月，《人民教育》刊发朱华伟校长署名文章《讲好“实践育人”这一课——深圳中学综合实践课程机制和教学体系》，系统介绍深中综合实践课程方面的探索和实践。

3. 3月，北京大学原副校长王杰教授，斯坦福大学国际安全与合作中心研究院薛理泰教授，中国科学院外籍院士、2004 年诺贝尔化学奖获得者阿龙·切哈诺沃（Aaron Ciechanover）教授先后莅临深中大讲堂，讲座主题分别为“音乐与数学的神秘联系”“四海危机中的大国战略博弈”“我的科学生涯”。

4. 4 月，清华大学副校长薛其坤院士莅临深中大讲堂，讲座主题为“做个快乐的追梦者——从事量子物理研究的经历和体会”。

5. 4 月，与深圳大学签署“空间智能创新实验室”合作协议、“深圳大学优质生源基地”协议、深圳大学-深圳中学“乒乓球交流活动中心”合作协议，实现优势互补，加强中学和大学的衔接，共同接力人才培养。

6. 4 月，《中国教育报》在《名校现场》栏目刊发朱华伟校长署名文章《深圳中学：为创新培养设一个“文凭”》，介绍我校文凭课程开发等方面的实践经验。

7. 4 月，“深圳中学河源实验学校委托管理”正式签订，深中通过选派优秀管理团队、高起点组建教师队伍等途径，致力于将该校办成河源最好、广东一流的窗口示范学校，并示范带动河源市初中学校的发展。

8. 5 月，深圳市南山区人民政府、深圳中学、深圳市大疆公益基金会合作办学协议正式签订，成立深中南山创新学校。

9. 6—8 月，朱华伟校长以“拔尖创新人才培养的中学责任与担当”为主题，在《中国教育报》专栏《名校长》先后共发表五篇文章——《拔尖创新人才培养应始于基础教育》《以多元课程建设提升人才培养质量》《以优质创新资源为学生成长赋能》《有一流师资才有学生卓越发展》《追求一流目标　提升国际教育水平》，全面阐述深中近年来的办学理念、办学实践、办学经验与办学成果，并名列《中国教育报》年度盘点“最受读者喜爱的名校长”

排行榜第一位。

10. 7月，深中第十届教代会讨论通过《深圳中学五年发展规划（2018—2022）》和《深圳中学五年发展规划（2018—2022）督导评估工作方案》。

11. 9月，台风“山竹”来临前夕，深圳市委书记、市长、副市长一行赶赴深中新校区施工现场视察指导，以确保工程安全有序开展。

12. 12月，在改革开放40周年之际，《南方日报》推出深圳教育改革创新领军人物专访系列报道及相关活动，刊发朱华伟校长专访文章《深圳中学校长朱华伟的教育梦：建设中国特色世界一流高中》。

13. 12月，《人民教育》遴选深中为“改革开放中的学校变革”核心议题栏目四所名校之一，并刊发朱华伟校长署名文章《深圳中学：勇立潮头再出发》。

师生发展篇

国内高考：全省理科前50名4人，前100名7人，深圳市第一；QS世界大学排名前100的中国大学录取79人，其中北大、清华录取26人，深圳市第一。

海外升学：U. S. News排名前10的美国大学录取9人，发放16份录取通知书；排名前50的美国大学录取150人，发放413份录取通知书；哈佛大学等美国常春藤大学共录取9人，发放12份录取通知书，占广东省一半；英国牛津大学、剑桥大学录取7人，全国前列。

1. 1月，3位同学的学术论文入选美国学术论文杂志《先锋学术研究》（*Pioneer Research Journal*），深中成为全球入选学生人数最多的学校。

2. 1月，深中代表队获美国青年物理学家邀请赛（USIYPT）海报冠军奖。

3. 4月，舞蹈团获广东省第六届中小学生艺术展演决赛一等奖。

4. 6月，吴谷子同学以足球特长获北京大学录取。

5. 7月，杨天骅、薛泽洋同学获第49届国际物理奥林匹克（IPhO）金牌，聂翊宸同学获第50届国际化学奥林匹克（IChO）金牌，获金牌人数全国第一，创造了广东省内一所学校同年获得3枚国际学科奥林匹克金牌的纪录。

6. 7月，周楷文同学获全国青少年信息学奥林匹克（NOI）金牌，实现深圳市在该项赛事上金牌零的突破。

7. 8月，郝传欣同学获第17届中国女子数学奥林匹克（CG-MO）金牌，并获得北京大学降一本线录取优惠。

8. 9月，高中部足球队获深圳市五人制足球暨中国足协“我爱足球”全国海选深圳赛区第一名；初中部足球队获中国体育彩票2018年深圳市足球协会五人制足球赛暨“我爱足球”中国足球民间争霸赛深圳海选赛冠军。

9. 12月，朱华伟校长获2018年国家级教学成果奖（基础教育）二等奖。

10. 全校教师共发表论文51篇，出版著作34部，新立项课题7项，获奖成果3项，在教学、论文、命题等比赛中获奖励75项，20人获国家、省、市级各项荣誉。

2019年

学校发展篇

1. 1月，《人民日报》刊发朱华伟校长署名文章《构建一流的创新教育氛围》。

2. 2月，舞蹈团参加央视深圳春晚和央视春晚深圳分会场两场大型演出活动，合唱团参加央视深圳春晚。

3. 2月，深中老校区新建学生宿舍楼和食堂“和园”“静园”正式投入使用。

4. 3月，前国务院台办主任、原海协会会长陈云林，中共深圳市委常委、统战部部长林洁一行莅临深中指导。

5. 3月，普渡大学终身教授卢建综教授、南方科技大学人文社会科学学院（筹）院长陈跃红教授、香港中文大学（深圳）副校长朱世平院士莅临深中大讲堂，讲座主题分别为“通用航空与无人机安全”“高考作文的命题原则与应对策略”“科学的三生三世和C学业规划”。

6. 4月，中山大学物理学院张宏浩教授、麻省理工学院PRIMES/RSI/SPUR项目主任斯拉瓦·格罗维奇（Slava Gerovitch）教授莅临深中大讲堂，讲座主题分别为“奇妙的物理世界”“探讨优秀高中生的科学研究素养”。

7. 5月，北京理工大学教授周立伟院士、浙江大学数学学院蔡天新教授莅临深中大讲堂，讲座主题分别为“志存高远，求深愿达——与深中同学谈成长、成才、成功”“从看见到发现”。

8. 5月，朱华伟校长接受《南方日报》专访——“深圳中学一次引进20名清华北大硕士博士引发关注　名校博士当中小学老师是‘大材小用’?”，向社会传递深中育人理念，“让最优秀的人教育下一代，培养出更优秀的人”。

9. 6月，广东省委副书记、深圳市委书记王伟中，深圳市委常委、市委秘书长高自民，副市长王立新，市教育局局长张基宏等莅临深中指导。

10. 6 月，西湖大学校长施一公院士莅临深中大讲堂，讲座主题为“结构之美”。

11. 6 月，与腾讯青少年科技学院达成战略合作，举行签约仪式。

12. 7 月，与深圳市足球俱乐部的青训战略合作签约仪式举行，双方将在梯队共建、足球普及与文化建设等方面开展系列合作。

13. 8 月，在深圳市副市长王立新、坪山区委书记陶永欣、市教育局副局长许建领、坪山区教育局局长彭尧的共同见证下，深圳中学校长朱华伟与坪山区委副书记、区长李勇在坪山区政府签署了深圳中学与坪山区人民政府委托管理（办学）协议，协议约定，深中正式受托管理深中坪山创新学校，学校办学规模为 54 个班的九年一贯制学校。

14. 9 月，南方科技大学物理系讲席教授俞大鹏院士莅临深中大讲堂，讲座主题为“不忘初心，科学报国，担当筑梦——量子行动在深圳”。

15. 10 月，在新中国成立 70 周年之际，携共同体学校以及香港福建中学 16 000 多名师生共同举行“同升一面旗，同唱一首歌”主题升旗仪式，为伟大祖国献上最真诚的祝福。

16. 10 月，深圳市人大常委会主任骆文智校友、中共深圳市教育工委书记陈秋明莅临深中指导。

17. 10 月，在新中国成立 70 周年之际，《中国教育在线》对话朱华伟校长——“办一所具有世界影响力的中学”。

18. 10 月，《走进著名大学：深圳中学学子成长足迹（2018）》（中国人民大学出版社出版）正式发行。

19. 11 月，北京大学副校长田刚院士莅临深中大讲堂，讲座主题为“数学有趣”。

20. 11月，作为基础教育唯一入围2019年深圳市市长质量奖的学校代表，深中在11月4日至11月10日为期7天的投票中，以463 362票脱颖而出，荣居榜首。

21. 12月，同济大学校长陈杰院士莅临深中大讲堂，讲座主题为“未来智能世界的畅想”。

22. 12月，研制《深圳中学中国特色世界一流高中建设方案》，加快建成中国特色世界一流高中。

23. 12月，与中广核研究院签署共建“清洁能源创新体验中心”深化合作协议。

24. 12月，人大附中原校长、国务院原参事、中央文史研究馆馆员、创新人才教育研究会会长刘彭芝莅临我校指导工作。

师生发展篇

国内高考：高分优先投档线比例96.7%，深圳市第一；全省理科前100名10人，前200名23人，前500名50人，广东省第一；文科共87人参加高考，5人进入省前100名；QS世界大学排名前100的中国大学录取101人，其中北大、清华30人，广东省第一；54%和58.4%的国内高考方向毕业生分别达到中山大学、华南理工录取线。

海外升学：美国常春藤大学录取7人，U. S. News美国排名前30的大学录取91人，排名前50的大学录取127人；英国牛津大学、剑桥大学录取4人，英国G5大学录取26人。

1. 在全国数理化生四大学科竞赛中，64人获一等奖，22人入选省队，14人获全国奥赛金牌，广东省第一。

2. 3月，深中Vise小队获中国大智汇创新研究挑战赛（CTB挑战赛）全国一等奖。

3. 3月，毛瀚燚同学获Brain Bee脑科学大赛全国一等奖。

4. 4月，张钰渟同学以舞蹈特长被北京大学降分录取，全国唯一。

5. 4月，合唱团获广东省第六届中小学生艺术展演决赛一等奖。

6. 5月，初中部足球队获2019年“U14”男子组冠军。

7. 7月，朱冠宇同学获第32届国际青年物理学家竞赛（IYPT）金牌。

8. 7月，朱华伟校长获2019年广东教育教学成果奖（基础教育类）一等奖。

9. 8月，陈苇远、李美仑同学获2019年中国女子数学奥林匹克（CGMO）金牌。

10. 10月，深中代表队获第十三届VEX亚洲机器人锦标赛金牌。

11. 11月，深中代表队获国际基因工程机器大赛（iGEM）高中组金奖。

12. 朱华伟校长获评“全国优秀教育工作者”“深圳教育改革先锋人物”“深圳人才大使”。

13. 全校教师共发表论文45篇，出版著作23部，新立项课题7项，获教学成果奖1项，在教学、论文、命题等比赛中获奖励29项，23人获国家、省、市级各项荣誉。

2020年

学校发展篇

1. 1月，与北京大学共建北大数学后备人才培养基地。

2. 2—4月，为了响应教育部、广东省和深圳市关于新冠疫情延期开学期间“停课不停学”的号召，深中共完成7 028节线上直播课程，其中面向全国直播课程906节。

3. 4月，中央政治局委员、广东省委书记李希，省长马兴瑞，市委书记王伟中，省委秘书长郑雁雄，副省长覃伟中，省教育厅厅长景李虎等省、市领导莅临深中，就疫情防控和学生复学进行专题调研，对学校近年来的大跨步发展给予高度肯定。

4. 5—6月，为了在新校区为学生搭建更多优质的科技创新平台，学校在疫情期间克服重重困难，与北京大学、清华大学、南京大学分别共建天文创新实验室、朱邦芬院士工作站和先进光声功能材料实验室，并举行云签约揭牌仪式。

5. 6月，新校区启用前夕，《南方日报》刊发朱华伟校长署名文章《深中校长朱华伟：加快建成世界一流高中》，阅读量500万+。

6. 7月，通过剑桥大学国际考评部的考核，成为具有开办官方IGCSE和A-LEVEL课程资质的剑桥学校；积极开发A-LEVEL课程，高一年级新开一个A-LEVEL班；与美国ACT签约，落地ACT前置GAC课程，相应课程评价考试ACT官方授权考点正式落户深中。

7. 9月，广东省副省长王曦、省政府副秘书长陈岸明、省教育厅厅长景李虎、省科技厅厅长龚国平、省工业和信息化厅厅长涂高坤、深圳市副市长聂新平、深圳市教育局局长陈秋明等领导到深中考察调研。

8. 9月，在深圳市市长、副市长、市政协副主席，市建筑工务署署长，罗湖区委书记、罗湖区区长以及深中校领导班子、教职员工代表的共同见证下，深中新校区举行揭牌仪式。

9. 9月，第一次经历大规模扩招——面向全市招生高一新生的人数从 800 人增加到 2 140 人，从 16 个班增加到 43 个班，中考录取分数线 433 分（深户）/436 分（非深户），深圳市第一。

10. 9 月，第一次面向全省招生——高质量完成第一届“华为-深中数理实验班”省班和市班的招生，开深中历史上全省招生之先河。

11. 9 月，华大基因学院院长杨焕明院士莅临深中大讲堂，讲座主题为“生命科学的三场革命”；同时，杨焕明院士还受聘成为深中第一位院士客座教师。

12. 10 月，《人民教育》刊发朱华伟校长署名文章《用优秀的人培养更优秀的人》。

13. 11 月，清华大学物理系教授朱邦芬院士和清华大学丘成桐数学科学中心主任、菲尔兹奖获得者丘成桐院士莅临深中大讲堂，讲座主题分别为“和中学生朋友谈谈世界一流科研人才的成长之道”“数学中的真与美”。

14. 12 月，2020 年深圳质量大会召开；国家市场监督管理总局副局长、国家标准化管理委员会主任田世宏，深圳市委书记王伟中出席大会并讲话，深圳市市长为荣获 2019 年深圳市市长质量奖金奖获奖单位（项目）和特别贡献奖获奖单位颁奖；深中荣获 2019 年“深圳市市长质量奖特别贡献奖”，是深圳市市长质量奖设立以来首个获得该殊荣的教育单位。

15. 12 月，深中初中部改扩建工程项目顺利开工，预计 2022 年 5 月 31 日前完工，交付深中。

师生发展篇

国内高考：高分优先投档线比例 98.6%，广东省第一；理科前 100 名 9 人，文理前 100 名 13 人，广东省第一；QS 世界大学排名前 100 的中国高校共录取 112 人，其中北大、清华 32 人，广东省第一；60%和 68.2%的国内高考方向毕业生分别达到中山大学、华南理工录取线。

海外升学：美国常春藤大学录取 6 人，U.S. News 美国排名前 30 的大学录取 80 人，排名前 50 的大学录取 127 人；英国牛津大学、剑桥大学录取 6 人，英国 G5 大学录取 34 人。

1. 在全国数理化生四大学科竞赛中，74 人获一等奖，22 人入选省队，18 人获清北强基计划破格入围资格（全国奥赛银牌以上），广东省第一。

2. 6 月，初中部冯小唐同学获 2020 年美国“学术五项全能”比赛科学金牌，全国科学最高分。

3. 6 月，袁若琪、李昊原同学获 Brain Bee 脑科学大赛全国一等奖，袁若琪全国第一。

4. 6 月，李昊原同学获全美生物与健康未来领袖挑战 ATC-生物化学科目全球第一。

5. 7 月，胡晶晶同学以美术特长获清华大学录取。

6. 8 月，合唱团受邀参加央视策划的《乘风破浪看深圳》活动，两个小时便收视过亿；10 月参加由国家文化部、国际合唱联盟举办的第十五届中国国际合唱节，获得少年合唱组冠军和国际合唱节一级合唱团奖。

7. 10 月，冯炜棋同学获广东省中学生游泳锦标赛女子甲组 400 米自由泳第一名和女子甲组 200 米自由泳第一名。

8. 11 月，彭也博同学获第 36 届中国数学奥林匹克第一名（满分）。

9. 11 月，深中代表队获国际基因工程机器大赛（iGEM）高中组金奖。

10. 11月，李昊轩、黄飞扬、王蕴达、刘皓星“全自动线上道路积水预警系统”项目组获第六届中国国际“互联网+”大学生创新创业大赛全国总决赛萌芽赛道创新潜力奖。

11. 12月，黄飞扬同学获2020年丘成桐中学科学奖全球总冠军。

12. 12月，足球队获广东省“省长杯”青少年校园足球联赛全省总决赛第五名。

13. 全校教师共发表论文51篇（其中外文期刊8篇、SCI和中文核心期刊13篇），出版著作20部，教学比赛、论文比赛、命题比赛获奖45人次，新立项省级课题5项，18人次荣获市级以上个人荣誉。

2021年

学校发展篇

1. 1月，与美国普林斯顿国际数理学校结为友好学校。

2. 3月，《人民日报》专题报道深中创新教育实践——《深圳中学探索创新教育新路径——作业成产品　课堂到现场》。

3. 3月，“深中博士讲堂”开讲，每周四下午举办一期，主讲人由深中引进的海内外名校毕业博士组成，讲座主题涵盖人文、数学、科学、社会学等多个领域，为深中学子培养对科学的兴趣和好奇心，探索未知领域，掌握科研方法，提供丰富的资源。

4. 4月，获评全国首批三星级“北京大学博雅人才共育基地”，深圳市唯一。

5. 4月，获评广东省劳动教育特色学校。

6. 5月，深圳中学天文台竣工暨首届航天周开幕。

7. 5 月，获评“清华大学基础学科拔尖创新人才大学中学衔接培养基地”，深圳市唯一。

8. 5 月，中国科学院大学和北京大学教授、国家天文台研究员、著名天体物理学家陈建生院士莅临深中大讲堂，讲座主题为“太空巡天的黄金时代”。

9. 5 月，起止点为深圳中学新校区、宝安桃源居的深圳中学通学定制巴士，也是深圳首条进入校园的通学定制巴士，在深中举行开线仪式。

10. 5 月，覃伟中市长莅临深中视察指导，副市长郑红波、市政府秘书长高圣元、市政府办公厅副主任时煌平、市教育局局长陈秋明、市国家保密局局长胡钢、市工业和信息化局局长余锡权、市公安局副局长林长平等领导陪同调研。

11. 7 月，召开国际数学奥林匹克金牌选手经验交流座谈会，朱华伟校长致辞《上善之教若水》，分享深中教育智慧，推动拔尖创新人才培养。

12. 7 月，丘成桐先生授权深中开办“丘成桐少年班”，由丘先生亲自担任顾问。

13. 8 月，深圳中学坪山创新学校揭牌仪式举行，携手坪山，共促发展，充分发挥深中示范引领的责任与担当。

14. 8 月，《走进著名大学——深圳中学学子成长足迹（2019）》（中国人民大学出版社出版）正式发行。

15. 9 月，融合优质社会资源，携手深圳证券交易所，共建“证券创新体验中心”，共同培育创新人才。

16. 9 月，深中 11 条通学定制巴士线路开通，大力保障了学生的上、下学出行安全，缓解学校周边交通拥堵等问题，同时引导市民乘坐公共交通工具出行，减少车辆尾气排放，改善城市空气质量。

17. 10月，市政协主席林洁，市政协副主席吴以环一行莅临深中新校区指导工作。

18. 11月，与龙岗区人民政府签署战略框架合作协议，双方将在教科研、人才培养等方面进行深度合作，齐心协力办人民满意的教育。

19. 11月，深圳中学新校区图书馆获评深圳“2021最美校园图书馆”。

20. 12月，市教育局局长陈秋明教授莅临深中讲授思政课“忆百年风华　恰同学少年”。

21. 通过近年来的不懈努力，深中教师队伍中，博士教师100余人，北大、清华毕业的教师100余人，哈佛大学、麻省理工学院、牛津大学、剑桥大学等海外顶尖名校毕业的教师60余人，教授、正高级教师、特级教师、竞赛金牌教练、名班主任30余人。学校已经形成了一支热爱教育事业、教学业绩突出、学术水平扎实、结构合理的老、中、青相结合的师资队伍，教师整体水平跻身国内高中第一方阵。

师生发展篇

国内高考：高优控制线率99.4%，广东省第一；深圳市屏蔽生共5人，深中4人；广东省物理类前100名12人；省500名每个分数段，深中占比均超过全省12%；深中历史类考生89人，5人进入全省前100；北大、清华录取41人，以上数据均位列广东省第一；60%和75%的国内高考方向毕业生分别达到中山大学、华南理工录取线。

海外升学：美国排名前十的综合性大学和文理学院中，有12

名深中学子获哈佛大学、哥伦比亚大学、耶鲁大学、芝加哥大学、麻省理工学院等知名学府的13封录取通知；6名同学获康奈尔大学等5所常春藤学校的6封录取通知；美国U. S. News排名前30综合大学和文理学院录取56人，排名前50综合大学和文理学院录取82人；在英国方向申请中，3人获牛津大学录取、1人获剑桥大学录取，26人获得来自4所G5超级精英学校的录取通知。

1. 在全国数理化生四大学科竞赛中，13人获得金牌，80人获全国一等奖，31人入选省队，6人入选国家集训队，以上数据均位列广东省第一。

2. 1月，11位同学位列2021年全国新高考八省联考广东省理科屏蔽生（前50），广东省第一。

3. 1月，余楚健同学获学术马拉松（Academic Marathon）全球总决赛化学马拉松竞赛全球第一。

4. 1月，深中代表队获VEX机器人全国总决赛一等奖和高中组唯一突出贡献奖。

5. 1月，深中SMS UNITE队伍获2020年美国区域数学联赛-晋级挑战赛（ARML Power）全球前十（最高奖）。

6. 3月，6位同学入选2021年清华大学丘成桐新领军计划（全国录取69人），全国第一。

7. 4月，朱华伟校长获评广东省五一劳动奖章。

8. 4月，彭也博、冯晨旭同学入选第62届国际数学奥林匹克中国国家队（全国6人）。

9. 4月，深中代表队获“环保马拉松Envirothon”高中理工科竞赛全国第一。

10. 4月，初中部李可同学入选2021年国际初中生信息学竞赛（ISIJ2021）中国国家队。

11. 5月，薛炜鹏、李可同学获得2021年亚洲和太平洋地区信息学奥林匹克（Asia and Pacific Informatics Olympiad，APIO）中国区金牌。

12. 6月，刘碧漪等4位同学入选2021年北京大学全球精英人才A计划，广东省第一。

13. 7月，彭也博、冯晨旭同学获第62届国际数学奥林匹克（IMO）金牌。

14. 10月，冯晨旭同学获第13届罗马尼亚数学大师杯比赛金牌。

15. 10月，赖佳铭同学荣获深圳市中小学生羽毛球比赛高中组男子单打冠军。

16. 11月，合唱团、管乐团、民乐团获深圳市2021年中小学生艺术展演活动一等奖、优秀指导教师奖，舞蹈团获二等奖、优秀指导教师奖。

17. 11月，深中代表队获国际基因工程机器大赛（iGEM）高中组金奖。

18. 12月，金子越等10位同学获2021年全国青少年信息学奥林匹克联赛（NOIP2021）一等奖。

19. 12月，杨亦心同学的作品《忠魂葬异乡，血肉筑长城》获广东省中小学“学百年党史，做时代新人”主题教育征文活动高中组省级一等奖，深圳市唯一。

20. 12月，合唱团、民乐团、管乐团以及谢伟瀚同学的书法作品分获广东省第七届中小学生艺术展演活动一等奖。

21. 12月，入职仅两年半的高中部美术教师燕玺宇获广东省首届美育教师教学基本功大赛全省一等奖。

22. 12月，美国各顶尖大学早申请陆续放榜，8位同学获耶鲁大学、斯坦福大学、宾夕法尼亚大学、芝加哥大学等排名前十的大学录取，18位同学获美国排名前三十的大学录取，深中位列“哈耶普斯麻”国内高中录取排行榜全国第二。

2022年

学校发展篇

1. 1月，与光明区人民政府签署合作办学协议，创办深圳中学光明科学城学校，双方在基础教育领域开展深入合作，以科技创新精神推动、以优质教育资源带动科技创新教育示范区建设，共同打造区校合作新典范、科创教育新亮点。

2. 4月，在2021—2022美国数学竞赛AMC三个项目中均获得全球卓越奖（学校）。

3. 5月，广东省委副书记、深圳市委书记孟凡利视察深圳中学新校区，对深中的办学业绩表示高度赞扬；市委秘书长陶永欣、副市长郑红波、市教育局局长陈秋明等领导陪同视察。

4. 5月，与福田区人民政府签署合作办学协议，创办深圳中学梅香学校，促进教育资源整合、共建、共享，推动区域教育向更高水平发展。

5. 6月，与龙华区人民政府签署合作办学协议，创办深圳中学龙华学校，为深圳基础教育和深圳建设中国特色社会主义先行示范区贡献深中智慧和深中力量。

6. 6月，“薛其坤院士量子创新实验室”正式签约揭牌，旨在培养学生“热爱科学，崇尚创新”的精神。

7. 6月，原文化部原党组书记、深圳市原市长于幼军莅临深中新校区参观交流，并对学校发展给予高度肯定。

8. 6月，为贯彻落实《粤港澳大湾区发展规划纲要》精神，响应党中央国务院这一战略发展规划，经市教育局同意，开设港澳子弟班。

9. 6月，覃伟中市长、郑红波副市长、张华副市长、市教育局陈秋明局长等领导出席在深中新校区举行的深圳市高中四校学生体育联赛开幕式。

10. 6月，比亚迪股份有限公司-深圳中学“新能源汽车创新体验中心”正式签约揭牌。

11. 6月，比亚迪董事长王传福做客深中大讲堂，进行了题为“比亚迪的梦想与责任”的讲座。

12. 7月，与龙岗区人民政府签署合作办学协议，创办深圳中学坂田学校，充分发挥龙头学校的示范引领和辐射带动作用，为深圳教育优质均衡做贡献。

13. 7月，中国科学院院士、北京大学数学学院原院长张继平教授一行携带珍贵的录取通知书莅临深中，张继平院士向深中学子颁发北京大学2022年全国第一封高考录取通知书。

14. 8月，与大鹏新区管理委员会签署合作办学协议，创办深圳中学大鹏学校，为区域教育的发展贡献深中力量，奋力推动区域教育高质量发展。

15. 8月，全国政协副主席辜胜阻莅临新校区视察工作，对深中的办学理念、师资队伍、课程改革、校园环境、教育成果等方面给予高度赞扬，称赞深中办学理念世界一流。

16. 10月，为了贯彻落实习近平总书记关于教育的重要论述和全国教育大会精神，落实立德树人根本任务，在建校75周年之际，中国人民大学出版社出版了朱华伟校长的两本新著《上善之教——我的办学思考与实践》和《数学为美——我的教研探索与实践》。

17. 11月，成为世界顶尖科学家协会（WLA）世界顶尖中学联盟创始成员校，是全省唯一入选中学。

18. 11月，2006年诺贝尔化学奖得主、斯坦福大学结构生物学教授、世界顶尖科学家协会主席罗杰·科恩伯格（Roger Kornberg）莅临深中大讲堂，与深中师生展开一场关于求学与科研的精彩对话。

19. 11月，为庆祝建校75周年，在校内举办了无人机编队表演，三大地标同时亮灯为深中庆生。

20. 12月，2022届校友廖梓含、陈冠宇为学校创作的校庆主题曲《梦想与荣光》正式发布。

21. 12月，《走进著名大学：深圳中学学子成长足迹（2021）》（中国人民大学出版社出版）正式发行。

师生发展篇

国内高考：文理屏蔽生共3人（全省15人），其中物理类2人（全省第二、第四），历史类1人（全省第一）。物理类5人进入全省前20，10人进入全省前50，20人进入全省前100。历史类考生73人，7人进入全省前100。清华、北大录取47人，广东省第一。72%和74.2%的国内高考方向毕业生分别达到中山大学、华南理工录取线。

学科竞赛：在全国数学、物理、化学、生物、信息学五大学科奥林匹克中，101人获一等奖，39人入选省队，17人获金牌，7人进入国家集训队，39人获清华、北大破格强基，全省第一。

海外升学：U. S. News全美前10的大学——普林斯顿大学、耶鲁大学、斯坦福大学、芝加哥大学、宾夕法尼亚大学录取13人。常春藤大学录取8人。U. S. News全美前30的大学录取58

人，录取率 73%。U. S. News 全美前 50 的大学录取 79 人，录取率 100%。牛津大学、剑桥大学录取 3 人，G5 精英大学录取 22 人。

1. 1月，5 人获全国青少年信息学奥林匹克冬令营金牌，全省第一。

2. 1月，尹砺节、冯小唐同学获 2021 年英国物理奥林匹克竞赛（BPhO）超级金奖，4 人获金奖。

3. 2月，深圳中学 DebateSociety 辩论社的同学获 2022 年纵横杯中学中文辩论锦标赛和云游・国际中学生华语辩论邀请赛冠军，多人获“最佳辩手”荣誉称号。

4. 3月，田一丁同学的“普筛易——静电场帕金森病早筛仪器”获青少年科技创新大赛省赛一等奖。

5. 4月，4 人入选广东信息竞赛（NOI2022）省队，入选人数全省第一。

6. 4月，37 人分获 2021—2022 美国数学竞赛 AMC 三个项目全球卓越奖。

7. 5月，朱华伟校长获全国五一劳动奖章。

8. 5月，9 人获英国化学奥林匹克竞赛（UKChO）金奖，张溢洋同学获全国第一名。

9. 5月，8 人获澳大利亚化学奥林匹克竞赛（Australian Science Olympiads of Chemistry）一等奖。

10. 5 月，张雨昕、谢雨璇同学获学术马拉松（Academic Marathon）全球总决赛化学马拉松竞赛全球第一名。

11. 6 月，王隽然同学获全球历史类研究论文“艾默生奖（The Emerson Prize）”（全球十位）。

12. 6 月，袁梓萱同学获 2022FBLA 北美商赛全国第一名，9

人获全国前十。

13. 6 月，由花晶晶老师作词的《港湾》献礼香港回归祖国 25 周年，广受好评，登上了新浪微博热搜。

14. 8 月，12 人获全国中学生生物学联赛（广东赛区）一等奖，获奖人数全省第一，聂鸾锋、王天行同学入选 2022 年生物竞赛广东省代表队，获第 31 届全国中学生生物学奥林匹克金牌。

15. 8 月，金子越同学获第 39 届全国青少年信息学奥林匹克（NOI2022）金牌，并入选国家集训队。

16. 8 月，初楚诺同学获全国首届“脑未来（Brain Future）：脑科学与脑技术创新大赛”三等奖，深圳中学是全国唯一进入决赛的高中学校。

17. 10 月，24 人获第 39 届全国中学生物理竞赛（广东赛区）一等奖，占全省 22%，占全市 64.8%。9 人入选物理奥林匹克省队，占全省 43%，占全市 64%。全省前 10，深中 5 人。以上数据蝉联全省第一。

18. 10 月，29 人获第 38 届全国高中数学联赛（广东赛区）一等奖，占全省 30%，占全市 91%。14 人入选数学奥林匹克省队，占全省 40%，占全市 100%。全省前 10，深中 6 人。以上数据皆为全省第一。

19. 10 月，25 人获第 36 届中国化学奥林匹克（初赛）一等奖，占全省 26%，占全市 78%。11 人入选化学奥林匹克省队，占全省 55%，占全市 92%。全省前 10，深中 6 人。以上数据皆为全省第一。

20. 10 月，深中学子获深圳市直属学校田径比赛 12 金 8 银 4 铜，团体总分第一。

21. 10 月，深中学子获深圳市高中四校体育联赛所有项目

（足球、篮球、羽毛球、围棋、无线电测向）团体第一名，成绩遥遥领先。

22. 11 月，7 人获第 39 届全国中学生物理竞赛决赛金牌，占全省 78%，占全市 100%。1 人入选国家集训队，占全省 50%，占全市 100%。以上数据皆为全省第一。

23. 11 月，深中代表队获第八届中国国际“互联网 +”大学生创新创业大赛全国总决赛萌芽赛道最高奖——创新潜力奖。

24. 11 月，省班黄楠同学获第二届丘成桐女子中学生数学竞赛铜奖。

25. 11 月，深中学子在深圳市大中小学生羽毛球比赛中获三金一银一铜。

26. 12 月，赵茹晨老师以全市第一名获“2022‘我和深圳的故事’英语演讲比赛”最佳风采奖。

27. 12 月，3 人获第 36 届中国化学奥林匹克决赛金牌，占全省 75%，占全市 100%。2 人入选国家集训队，占全省 100%，占全市 100%。以上数据均蝉联全省第一。

28. 12 月，12 人获全国青少年信息学奥林匹克联赛（NOIP 2022）一等奖，2 人省排名第一和第二。

29. 12 月，朱华伟校长在《光明日报》刊发署名文章《深化体教融合 培养“运动达人”》。

2023 年

学校发展篇

1. 2 月，深圳市委常委、宣传部部长张玲莅临深中调研指导。

2. 3 月，清华大学校长王希勤教授莅临深中大讲堂，进行题为“突破利基，融通中外”的讲座。

3. 3月，香港中文大学（深圳）校长徐扬生院士莅临深中大讲堂，进行题为“机器人与人工智能：对人类社会的影响”的讲座。

4. 3月，“舞咏趁芳华”艺术教育成果展演在深圳大剧院举办，覃伟中市长，郑红波常委，市检察院检察长、深圳中学法治副校长李小东，市政府秘书长高圣元，市教育局局长郑秀玉，市文化广电旅游体育局局长曾相莱等领导出席活动。

5. 3月，深圳中学-贵州省实验中学远程同步课堂开课，发挥深圳中学优质教育资源的示范辐射效应。

6. 3月，北京理工大学党委书记张军院士一行莅临深中，代表北京理工大学授予深圳中学“优秀生源基地”牌匾，并签订“北理工-深中体育育人合作框架协议”。

7. 4月，深圳市委副书记余新国、市教育局局长郑秀玉、团市委书记高大伟一行莅临深中进行专题调研。

8. 4月，原哈尔滨工业大学校长周玉院士莅临深中大讲堂，进行题为“材料与人类文明”的讲座。

9. 4月，南开大学校长陈雨露教授一行莅临深中，代表南开大学授予深圳中学“优质生源基地”牌匾。

10. 4月，在全国开创项目制博士工作室先河，首批成立的7个博士工作室分别是：丘成桐中学科学奖博士工作室、清华数学领军计划博士工作室、北大物理卓越计划博士工作室、清华物理攀登计划博士工作室、iGEM博士工作室、港澳课程研究博士工作室、科技创新博士工作室。

11. 5月，香港科技大学（广州）创校校长倪明选院士莅临深中大讲堂，进行题为“在人工智能时代，遇见未来”的讲座。

12. 6月，中国科学技术大学-深圳中学“基础学科（数理）人才培育基地”揭牌暨“中科大-深中数理实验班”签约仪式举行。

13. 7月，教育部“普通高中学生发展指导”专题组莅临深中调研。

14. 7月，清华大学招生办公室负责人向深中李沐恒同学颁发清华大学2023年首封本科生录取通知书。

15. 8月，清华大学求真书院“求真游目讲座”在深中开讲。

16. 8月，国际著名数学家、清华大学求真书院院长丘成桐先生莅临深中，并出席深圳中学奥赛金牌选手座谈会。

17. 8月，深圳中学大鹏学校开办仪式举行。

18. 8月，深圳市委常委、组织部部长程步一，副部长曾雪莲，市教育局局长郑秀玉，科创局局长张林一行莅临深中指导。

19. 9月，深圳中学数理高中开办仪式举行。

20. 9月，深圳中学“数理英才班”正式开班。

21. 9月，深圳中学-喀什市第二十八中学远程同步课堂开课，为新时代教育援疆贡献深中智慧。

22. 9月，深圳中学光明科学城学校启航仪式举行。

23. 9月，“北京理工大学-深圳中学自主智能无人系统创新实验室”揭牌。

24. 9月，深圳市委常委、宣传部部长张玲，深圳大学校长毛军发院士，市教育局局长郑秀玉莅临深中出席“2023深圳市成人礼活动”。

25. 10月，朱华伟校长率队参加在重庆市巴蜀中学举行的“第十届全国中小学校长论坛”，并受邀在论坛发表主旨演讲《拔尖创新人才早期培养的深中探索》，作为深圳教育示范案例的深中方案，展现了改革开放前沿城市的教育水准和高度，引起了与会专家、校长和老师的强烈反响。

26. 11月，深圳中学国际部连续两年荣登《2023出国留学中学排行榜》全国第二。

27. 11月，同济大学副校长娄永琪院士莅临深中大讲堂，进行题为“设计——驱动创新的第三种引擎”的讲座。

28. 11月，朱华伟校长受邀参加在上海中学举办的“融·创：发展具有中国特色、世界水平的现代教育”顶尖中学书记校长沙龙，出席WLA世界顶尖中学联盟第一届理事会第一次会议。

29. 12月，深圳大学校长毛军发院士莅临深中大讲堂，进行题为“深圳的大学责任”的讲座。

30. 12月，哈工大-深中战略合作暨“哈工大-深中创新实验班”揭牌仪式举行。

31. 12月，深圳市委常委、副市长陈清，市政府副秘书长黄强，市教育局党组书记、局长郑秀玉一行莅临深中调研指导。

32. 12月，香港大学“优秀人才培养合作中学”授牌仪式举行。

33. 12月，深圳中学入选北京大学“博雅人才共育基地（2024—2026）”四星级（本轮最高星级）学校。

师生发展篇

国内高考：清华、北大录取49人，C9录取234人，香港大学、香港科大、香港中文大学、香港理工大学录取46人；中科大录取26人，中山大学录取201人，南科大录取51人，港中深录取55人，全国第一；国内排名前30的大学录取人数几乎均为全省第一。

学科竞赛：在全国数学、物理、化学、生物、信息学五大学科奥林匹克中，113人获一等奖，42人入选省队，23人获得金牌，9人进入国家集训队，2人获国际金牌，全省第一。

海外升学： U. S. News 全美前 10 的大学——耶鲁大学、芝加哥大学、宾夕法尼亚大学、杜克大学等录取 8 人；常春藤大学录取 7 人；U. S. News 全美前 30 的大学录取 31 人，录取率 61%；U. S. News 全美前 50 的大学录取 47 人，录取率 92%；剑桥大学录取 6 人，G5 精英大学录取 23 人。

1. 1 月，4 人获第 38 届中国数学奥林匹克金牌，2 人入选中国国家集训队。

2. 1 月，张沁岩、肖瑜菲同学分获 2022 年广东省青少年网球锦标赛女子甲组双打第一名、第二名。

3. 1 月，田一丁同学入选 2023 年国际科学与工程大奖赛（ISEF）中国国家队。

4. 2 月，6 人获全国青少年信息学奥林匹克冬令营金牌，全国第一。

5. 2 月，深中代表队获 2023 年度美国青年物理学家邀请赛（USIYPT）总分第三。

6. 3 月，深中学子获深圳市高中四校体育联赛围棋、羽毛球、足球、女子篮球、无线电测向项目团体冠军。

7. 3 月，深中学子获 2022 年广东省学校羽毛球联赛（总决赛）2 金 2 银。

8. 3 月，深中学子在 2023FBLA 商科 & 科技全国站中获 2 个全国第一、2 个全国第二，7 人晋级全球总决赛。

9. 3 月，孙昊喆同学入选第 55 届国际化学奥林匹克中国国家队。

10. 3 月，姜志城同学入选第 64 届国际数学奥林匹克中国国家队。

11. 4 月，深中代表队获中国高中生物理创新竞赛（CYPT2023）一等奖，2 人入选 2023 年国际青年物理学家竞赛（IYPT2023）

国家集训队。

12. 4月，5人入选第40届全国青少年信息学奥林匹克（NOI2023）广东省代表队，占全省29%，占全市100%；以上数据全省第一，刷新深中信息学省队人数纪录。

13. 5月，深中足球队获深圳市青少年精英联赛U17组冠军。

14. 5月，曾瑞鹏同学获英国物理奥林匹克竞赛（BPhO）全球金奖，宋忆初同学获全球银奖。

15. 5月，曾瑞鹏同学获美国普林斯顿大学物理思维挑战赛（PUPC 2022）中国赛区第一名、全球第三名。

16. 6月，13人获2023年全国中学生生物学联赛（广东赛区）一等奖，占全省13%，占全市68%；6人入选广东省代表队，占全省24%，占全市86%；以上数据蝉联全省第一，刷新深中生物学科省队人数纪录。

17. 6月，曾瑞鹏、陈俞充同学分别入选2023年国际青年物理学家竞赛（IYPT2023）中国国家队和线上赛（OYPT2023）中国国家队。

18. 7月，罗皓仁同学获首届国际数学夏令营（IMSC23）金牌。

19. 7月，姜志城同学获第64届国际数学奥林匹克（IMO）金牌。

20. 7月，莫泽轩同学入选第27届国际天文奥林匹克（IAO）中国国家队。

21. 7月，孙昊喆同学获第55届国际化学奥林匹克（IChO）金牌。

22. 7月，3人入选第36届国际信息学奥林匹克中国国家集训队（保送清北），全国第三；3人获2023年全国青少年信息学奥林匹克竞赛金牌，全国第四，2人获银牌；金、银牌获得者破格入围清华、北大强基计划。

23. 7月，高家乐同学获2023年深圳市少年儿童田径锦标赛男子三级跳远冠军，并打破深圳市U18组别纪录；高思琦同学获女子三级跳远、女子跳远冠军。

24. 7月，周迦岚同学获2023年U系列田径联赛（广东赛区）女子跳远、女子三级跳远冠军；王宇阳同学获男子三级跳远第一名。

25. 8月，何谐同学获第32届全国中学生生物竞赛决赛金牌、5人获银牌，破格入围清华、北大强基计划。

26. 8月，深中代表队获2023VEX机器人挑战赛全国邀请赛设计奖（最具含金量单项奖之一）。

27. 8月，黄玲老师获2023年深圳市基础教育系统“年度教师”。

28. 9月，21人获第40届全国中学生物理竞赛（广东赛区）一等奖，占全省19%，占全市62%；6人入选物理奥林匹克省队，占全省26%，占全市55%；省队人数全省第一。

29. 9月，37人获2023年全国高中生化学竞赛（初赛）一等奖，占全省31%，占全市74%；12人入选化学奥林匹克省队，占全省52%，占全市92%；以上数据蝉联全省第一，刷新深中化学学科省队人数纪录。

30. 9月，深中羽毛球队获深圳市大中小学生羽毛球比赛5金3银，团体总分第一。

31. 10月，1人入选第54届国际物理奥林匹克中国国家集训队（保送清北），3人获2023年全国中学生物理竞赛决赛金牌、3人获银牌，破格入围清华、北大强基计划。

32. 10月，30人获2023年全国高中数学联赛（广东赛区）一等奖，占全省32%，占全市79%，蝉联全省第一；13人入选数学奥林匹克省队，占全省 38%，占全市 81%。

33. 11 月，温宜合同学以全国第二名的优异成绩获第三届丘成桐女子中学生数学竞赛银奖，入围“清华大学丘成桐数学科学领军人才培养计划”，保送清华大学。

34. 11 月，2 人入选第 56 届国际化学奥林匹克中国国家集训队（保送清北），全国第三；8 人获 2023 年中国化学奥林匹克决赛金牌，全国第三；4 人获银牌；金、银牌获得者破格入围清华、北大强基计划。

35. 11 月，深中学子获 2023 年深圳市直属学校中小学田径比赛 11 金 9 银 5 铜，团体总分第一。

36. 11 月，林子浩同学获深圳市少年儿童乒乓球精英赛 U18 组男单第一名。

37. 12 月，3 人入选第 65 届国际数学奥林匹克中国国家集训队（保送清北），全国第四；8 人获 2023 年中国数学奥林匹克金牌，全国第五；5 人获银牌；金、银牌获得者均破格入围清华、北大强基计划。

38. 12 月，深中学子获深圳市中小学游泳比赛 10 金，总数全市第一；初中部李思瑶同学打破赛事女子初中组 50 米自由泳、100 米自由泳市纪录。

39. 12 月，深中代表队获第十四届 VEX 亚洲机器人锦标赛中国选拔赛一等奖。

40. 12 月，肖瑜菲、蔡思敏同学获 2023 年广东省中小学生网球锦标赛女子双打冠军。

41. 12 月，深中代表队获 2023 年“交通银行杯”六省市中学生围棋精英赛全国第三名。

42. 12 月，陈宁帆、张沁岩同学获 2023 年第十届中国中学生网球锦标赛混合双打亚军。

2024年1月—9月

学校发展篇

1. 3月，北京理工大学-深圳中学战略合作暨“北理工-深中理工实验班”在深圳中学签约揭牌。

2. 3月，中国科学院院士郑志明、福建省教育厅原副厅长李迅、上海中学校长冯志刚、华中师范大学第一附属中学校长周鹏程、南京师范大学附属中学校长葛军、杭州学军中学校长邱月灵一行到访深中参观交流。

3. 3月，北京理工大学校长龙腾院士莅临深中大讲堂，进行题为“新体制雷达，信息世界的千里眼”的讲座。

4. 3月，“深圳中学核心素养提升丛书”（共5册）出版。

5. 4月，复旦大学教学指导委员会主任、原副校长徐雷教授一行莅临深中，代表复旦大学授予深圳中学“基础学科拔尖创新人才生源基地”牌匾。

6. 4月，浙江大学广东招生组组长焦磊教授一行莅临深中，代表浙江大学授予深圳中学“2023年生源中学”牌匾。

7. 4月，深圳市委党史文献研究室、深圳市政府地方志办公室向我校捐赠红色书籍、视频资料百余种。

8. 4月，深中校本教材《高中数学精讲》《高中数学一课一练》（共8册）出版。

9. 4月，著名散文家梁衡做客深中大讲堂，进行题为“文章五诀”的讲座。

10. 4月，香港城市大学（东莞）广东招生组组长尹利平一行莅临深中，代表香港城市大学（东莞）授予深圳中学“国际优才生源基地”牌匾。

11. 4月，清华大学广东招生组组长钟海旺教授一行莅临深中，代表清华大学授予深圳中学“2023优质生源中学”牌匾。

12. 4月，教育部中学校长培训中心副主任郅庭瑾教授带队莅临深中调研指导。

13. 5月，南京大学广东招生组组长张巍教授一行莅临深中，代表南京大学授予深圳中学“2023年度最佳生源基地”牌匾。

14. 5月，中央文史研究馆馆员，国家教育咨询委员会委员，创新人才教育研究会会长，人大附中、人大附中联合学校总校名誉校长刘彭芝率领调研团莅临深中调研指导。

15. 5月，朱华伟校长率队赴上海中学参加世界顶尖中学联盟校交流活动暨2024年基础教育高质量发展论坛，并受邀在论坛做主旨演讲《多元融合的高中科学教育探索与实践》。

16. 5月，中国教育学会副会长、上海市格致中学原校长张志敏率领上海市教育学会名校长培养工程学员到访深中参观交流。

17. 5月，广东省教育厅李璧亮副厅长一行莅临深中调研指导。

18. 7月，宜校创始人肖经栋到访深中。

19. 7月，由深圳中学主办，哈佛华南校友会发起的“‘和韵共振’——哈佛Din and Tonics与深中的音乐邂逅”合作演出举行。

20. 7月，香港科技大学（广州）党委书记屈哨兵一行莅临深中，为今年被录取的9名深中学子颁发首批录取通知书及奖学金通知书。

21. 7月，深圳中学荣获“NOI优秀学校”称号。

22. 7月，南山区委书记黄湘岳一行莅临深中考察交流。

23. 8月，哈佛 HSYLC 峰会（华南分会场）开幕。

24. 8月，光明区委书记蔡颖一行莅临深中考察交流。

25. 8月，深圳中学获中国中学生田径冠军赛“体育道德风尚奖”。

26. 8月，深圳中学光明科学城学校北校区交付仪式举行。

27. 9月，深圳中学龙华学校启航仪式举行。

28. 9月，深圳中学图书馆举行朱华伟校长图书捐赠仪式，朱校长向深中图书馆捐赠 3 715 册中英文图书。

29. 9月，市教育局局长郑秀玉率队莅临深中初中部调研指导。

30. 9月，“2024 年奥运冠军走进深中校园”活动举行，巴黎奥运会花样游泳集体冠军、双人冠军王柳懿和王芊懿来到深中，与师生互动交流。

31. 9月，深圳中学荣获“全国教育系统先进集体”。

32. 9月，深圳中学高中园 2024 年秋季开学典礼暨启用仪式举行。

师生发展篇

国内高考：2024 年，清华大学、北京大学录取 64 人，创下历史新高，全省遥遥领先。物理类 3 人进入全省前 20，占比 15%；9 人进入全省前 50，占比 18%；17 人进入全省前 100，占比 17%。历史类 4 人进入全省前 20，占比 20%；6 人进入全省前 50，占比 12%；14 人进入全省前 100，占比 14%。

海外升学：2024 年，7 人获得美国 U. S. News 排名前 10 的大学——麻省理工学院、耶鲁大学、宾夕法尼亚大学、杜克大学、西北大学、约翰霍普金斯大学共 9 份录取通知书，6 人获得常春藤大学 6 份录取通知书。U. S. News 全美前 30 的大学录取 41 人，录取率 82%；U. S. News 全美前 50 的大学录取 50 人，录取率 100%。在英国方向申请的 25 人中（含英美双申 10 人），6 人获得牛津大学、剑桥大学录取，16 人获得 G5 精英大学录取。

1. 1 月，16 人获全国青少年信息学奥林匹克联赛（NOIP 2023）一等奖。

2. 1 月，57 人获 CCF CSP 非专业级别的能力认证（CSP-J/S 2023）第二轮比赛一等奖。

3. 1 月，伍港荣同学入选清华大学 2024 年“丘成桐数学科学领军人才培养计划”，保送清华大学。

4. 1 月，3 人入选北京大学 2024 年“物理学科卓越人才培养计划”。

5. 1 月，深中代表队获第九届中国国际“互联网＋”大学生创新创业大赛全国总决赛萌芽赛道最高奖项——创新潜力奖（金奖）。

6. 1 月，深中羽毛球队获第十六届中国中学生羽毛球锦标赛高中组男子团体全国亚军。

7. 2 月，深中学子获 2024FBLA 未来商业领袖领导力全国赛团队、个人双项第一名。

8. 3 月，深中代表队获中国高中生青年物理学家学术交流会（CYPT 2024）特等奖，杨炘玉同学获最佳评论方奖，曾瑞鹏、张子航同学入选国际青年物理学家竞赛（IYPT 2024）国家集训队。

9. 3 月，深中围棋队获深圳市大中小学生围棋比赛中学组团体冠军。

10. 4 月，深中乒乓球队获深圳市大中小学生乒乓球比赛高中组男子单打冠军、男子双打冠军、混合双打冠军、女子双打季军，并获团体总分及金牌总数双项第一名。

11. 4月，曾瑞鹏同学连续两年入选国际青年物理学家竞赛（IYPT 2024）国家队，并当选IYPT国家队队长。

12. 4月，深中代表队获青年商业案例分析论坛（BPC）全球终极案例挑战全球站冠军，岑佳琳、徐琬玥同学获杰出案例分析奖。

13. 4月，赵泽宇同学获第58届中学生门捷列夫国际奥林匹克化学竞赛金牌。

14. 5月，陈宁帆同学获中国中学生（青少年）网球精英赛（CTJ-A1）U16组男子单打、双打亚军。

15. 5月，深中代表队获“物理杯”竞赛（Physics Bowl）团体全球第一名。

16. 5月，曾昱翔、方绎同学获全国中学生知识竞赛高中组一等奖。

17. 5月，陈宁帆、杨宇炫同学获中国中学生网球联赛第2站高中组男子双打冠军，张沁岩、蔡思敏同学获高中组女子双打亚军。

18. 7月，欧阳达晟同学获第41届全国青少年信息学奥林匹克金牌，并入选国家集训队。

19. 7月，曾昱翔同学入选第17届国际天文与天体物理奥林匹克（IOAA）中国国家队。

20. 7月，方绎同学入选第28届国际天文奥林匹克（IAO）中国国家队。

21. 7月，陈宁帆同学获中国中学生网球联赛第4站高中组男子单打冠军，陈宁帆、杨宇炫同学获高中组男子双打季军。

22. 8月，熊梓娱、兰玉琪同学获第23届中国女子数学奥林匹克（CGMO）金牌，分列全国第一、第十名。

23. 8月，高家乐同学获中国中学生田径冠军赛男子高中甲组三级跳远冠军，周迦岚同学获女子高中甲组三级跳远亚军，李佳原同学获女子高中乙组三级跳远季军。

24. 8月，深中围棋队获中国中学生围棋锦标赛高中组团体第三名。

25. 8月，曾昱翔同学获第17届国际天文与天体物理奥林匹克（IOAA）银牌。

26. 9月，29人获第38届中国化学奥林匹克（初赛）一等奖，全省第一。

附录2

深圳中学“十四五”规划

一、战略意义

为贯彻落实习近平新时代中国特色社会主义思想，推动深圳教育高质量发展，助力粤港澳大湾区和中国特色社会主义先行示范区建设，根据《深圳市教育发展“十四五”规划》和《中共深圳市委关于制定国民经济和社会发展第十四个五年规划的建议》等文件精神，结合“建设中国特色世界一流高中”的办学定位和学校的实际情况，制定本规划。

（一）建设中国特色世界一流高中是中学教育发展的时代命题

党的十九大报告提出中国特色社会主义进入新时代的重要论述，坚定实施科教兴国、人才强国、创新驱动发展战略，以培养担当民族复兴大任的时代新人。新时代赋予中国教育事业前所未有的使命，建设教育强国是中华民族伟大复兴的基础工程，必须把教育事业放在优先位置，加快教育现代化，办好人民满意的教育。

在2013年9月9日的第29个教师节慰问信中，习近平总书记就提出“发展具有中国特色、世界水平的现代教育”的时代命题，明确了中国教育发展的方向。中央发布的《关于深化教育体制机制改革的意见》提出，要扎根中国大地，围绕为谁培养人、培养什么样的人、如何培养人的根本问题，坚定不移走中国特色社会主义教育发展道路。

2015 年 10 月 24 日，国务院印发《统筹推进世界一流大学和一流学科建设总体方案》，要求按照“四个全面”战略布局和党中央、国务院决策部署，坚持以中国特色、世界一流为核心，以立德树人为根本，以支撑创新驱动发展战略、服务经济社会发展为导向，坚持“以一流为目标、以学科为基础、以绩效为杠杆、以改革为动力”的基本原则，加快建成一批世界一流大学和一流学科。2017 年 1 月 24 日，教育部、财政部、国家发展改革委联合印发了《统筹推进世界一流大学和一流学科建设实施办法（暂行）》。2018 年 5 月 2 日，习近平总书记在北京大学考察期间明确提出，努力建设中国特色世界一流大学。

统筹推进我国世界一流大学和一流学科建设成为中央的重大战略决策，成为中国高等教育发展的共识。问题随之而来：大学教育不是空中楼阁，中学是大学的基础，大学要世界一流，中学是否也要世界一流？世界一流的中学，在空间维度上要引领世界，在时间维度上要引领未来。基础教育从来都身处国际比较之中。70 年中国基础教育的发展，真正达到世界一流的高中还比较少，均值高，方差低，拔尖人才少。中学名校更应该以引领和担当的姿态，积极发挥优势，争创世界一流，探索出符合教育规律的教育模式，打造有国际影响力的学校管理模式。因此只有熔铸中外教育精华，坚持综合创新、创办未来教育，我们才能办出世界一流的中学，完成使命，回答命题。

（二）建设中国特色世界一流高中是立足中国大地培养创新人才的重要保障

进入 21 世纪以来，全球经济大调整、大变革，新一轮科技革命和产业变革兴起，国际竞争日益激烈，主要国家纷纷调整发展战略，更加重视科技和人才的竞争力；把建设世界一流学校作为培养创新人才的重要保障，作为培育国家核心竞争力的重要途径。无论是美、英、法等发达国家，还是印度等发展中国家，它们虽然有着不同的计划与重点，却有着相似的着力方向，就是通过增加教育投入，加快科研机构研究能力的提升，集中资源培养高端人才，从而提高本国教育的全球竞争力，抢抓制高点，构筑新优势。

在培养高端人才上，各个国家都十分注重提升基础教育的质量。国际学生能力评估计划（PISA）、国际教育评价项目（TIMMS）是评测各国基础教育质量的重要工具，它们纷纷被用来预测各个国家未来发展的潜力。注重基础教育，就是注重国家的未来，因此建设中国特色世界一流高中是立足中国大地，为国家培养创新人才的重要保障。

（三）建设世界一流高中是深圳建设中国特色社会主义先行示范区的重要支撑

2019 年 8 月 18 日，中共中央、国务院《关于支持深圳建设中国特色社会主义先行示范区的意见》中明确指出：“支持深圳在教育体制改革方面先行先试”。基础教育是城市核心竞争力的重要支撑。深圳建设先行示范区，人才是核心，到 2025 年深圳要达到科技创新世界一流，成为全球标杆城市，必须有一大批拔尖创新人才做支撑，必须要有世界一流的基础教育，有自己的世界一流学校。因此，在基础教育阶段，就应积极探索拔尖创新人才的早期培养。深圳中学作为以这座城市名字命名的学校，理应紧紧追随国家、深圳的前进步伐，加快建设世界一流高中，为深圳建设中国特色社会主义先行示范区提供重要的基础支撑。

（四）建设中国特色世界一流高中是深圳中学在新时代的历史使命

2017年，在“中国特色社会主义进入新时代”和国家加快建设“双一流”的背景下，深圳中学着力推进学校教育内涵发展，明确提出未来的办学定位：“建设中国特色世界一流高中”，并明确了学校的培养目标：“培养具有中华底蕴与国际视野的拔尖创新人才”，力争为世界拔尖创新人才的培养贡献深中智慧和深中方案。深圳中学致力于建设中国特色世界一流高中，担负起新时代赋予的历史使命。

二、总体思路

规划确定了学校的发展定位和发展基础。发展定位由指导思想、总体目标、建设思路、建设步骤四个部分确定。发展基础包括优秀师资、课程体系、雄厚资源、杰出校友、深远影响和卓越文化六个方面。

（一）发展定位

1. 指导思想

以习近平新时代中国特色社会主义思想为指导，紧紧围绕“五位一体”总体布局和“四个全面”的战略布局，按照习近平总书记对广东省提出的“四个坚持、三个支撑、两个走在前列”重要指示，不忘初心，牢记使命。

以广东省人民政府《关于深化教育体制综合改革的意见》为指引，坚持以素质教育为核心，注重培养学生的社会责任感、创新精神和实践能力，加快建立广东特色基础教育课程教材体系，形成广东特色的德育培养模式。开展拔尖创新人才培养模式改革试点，建立健全科研院所、行业企业、高等学校联合培养人才的协同培养机制。

以《深圳市教育发展“十四五”规划》为具体指引，推进培养模式多样化，满足不同潜质学生的发展需要，探索发现和培养创新人才的途径，办出特色。

按照党中央、国务院决策部署，为学生搭建多元发展的终身学习立交桥。以培养“全面发展的人”为核心，从文化基础、自主发展、社会参与三个方面，凝练出人文底蕴、科学精神、学会学习、健康生活、责任担当、实践创新六大素养。按照中共中央、国务院《全面深化新时代教师队伍建设改革意见》，培养造就党和人民满意的高素质专业化创新型教师队伍，教师主动适应信息化、人工智能等新技术变革，在岗位上有幸福感、事业上有成就感、社会上有荣誉感。

2. 总体目标

建设中国特色世界一流高中，培养具有中华底蕴与国际视野的拔尖创新人才。

3. 建设思路

品质定位：“以人为本、以德树人”的文化环境品质显著提升，育人成效和校友表现赢得良好口碑等；形成科学的管理机制，构建完善的综合素养评价体系；建设绿色校园、美丽校园、智能校园，应用云技术、大数据、物联网、移动互联、人工智能等新一代技术，建构感知环境、识别情景、电子数据记录教育教学环境和过程，实现物理环境与虚拟环境的融合。

实力定位：学校整体实力显著提升，财力资源支撑保障能力明显提升；基于学校课程方案顺利实施的所有保障条件（教师、教室、功能室和信息技术）得到满足，提升学科核心素养在课堂教学和学科活动中得到落实；打造“四有四高”教师队伍（有教育情怀、有合作精神、有创新活力、有示范影响，格局高、眼界高、素养高、目标高）；承接省市乃至国家科研任务的能力显著增强。

特色定位：形成“深中特色”的拔尖创新人才培养教育品牌，打造世界一流的“资优学生孵化器”；鼓励师生在国内外高层次论坛、权威媒体上发声发文，加强与社会主流媒体的合作，讲好深中故事，传扬深中文化，增强传播效果；进一步形成社会服务特色，持续发扬深中的标杆引领作用。

4. 建设步骤

到 2022 年，重点建设学校环境、师资队伍和国内领先的科学、人文和艺术学科，多个学科（数、理、化、生、信息技术、艺术等）成为世界一流学科并在多个国际高端竞赛平台夺魁，学校初步实现中国特色世界一流高中建设目标。

到 2025 年，拔尖创新人才早期培养硕果凸显，涌现多名优秀校友，多个学科引领世界一流水平，学校全面实现中国特色世界一流高中建设目标。

（二）发展基础

学校在 70 余年的积淀中，秉承“追求卓越，敢为人先”的深中精神，坚持立德树人，在师资队伍建设、课程改革、学科竞赛、国际教育、艺术教育、创新教育、校园文化、服务社会等方面做了大量的探索实践，成为深圳教育的窗口和文化名片，为建设中国特色世界一流高中奠定了优质的发展基础。

1. 优秀师资

一流的教师队伍是深圳中学建设世界一流高中宝贵的战略资

源。深圳中学的教师队伍是伴随着城市和学校的发展不断发展壮大起来的，尤其是 20 世纪八九十年代，大批优秀人才来到深中，为学校发展做出了巨大贡献。

学校不断加大优秀人才引进力度，从哈佛大学、剑桥大学、新加坡国立大学、清华大学、北京大学等世界著名高校招聘高学历毕业生，同时积极引进各学科名师名家，进一步优化教师人才结构。目前，深中教师队伍中，博士教师 80 余人，北大、清华毕业的教师 100 余人，哈佛大学、牛津大学、剑桥大学等海外顶尖名校毕业的教师 30 余人，教授、正高级教师、特级教师、竞赛金牌教练、名班主任 30 余人。通过近年来的不懈努力，学校已经形成了一支热爱教育事业、教学业绩突出、学术水平扎实、结构合理的老、中、青相结合的师资队伍，教师整体水平跻身国内高中第一方阵。学校通过开展“青蓝工程”、“树人计划”、校本教研等方式助推青年教师角色转化，大力邀请国内外著名专家学者来校指导、讲学，引领中青年教师成长。

2. 课程体系

深中一直高举教育改革大旗，始终站在中国课程改革最前沿，是中国课程改革样板校。学校从 2004 年就开始试点实施分层教学，全面选课，课程采用分层、分类、分项三种方式实施，采用学分积点方式对学生的课程学习进行评价，既关注学生的学习过程，也关注学生的学习结果，采用“过程性评价＋终结性评价”相结合的方式确定学生的课程学习等级。2014 年，学校向社会发布了深圳中学课程方案。

深圳中学致力于培养具有中华底蕴与国际视野的拔尖创新人才，为推进落实学校建设中国特色世界一流高中的办学目标及应对新高考改革的要求，2019 年深中研制新课程方案。新课程方案中，课程由核心素养涵盖的六大系列的课程构成：人文底蕴、科学精神、学会学习、健康生活、责任担当、实践创新（见图1）。

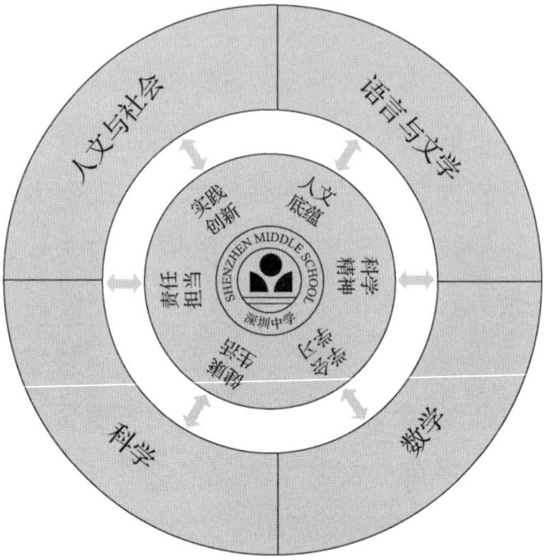

图1　深圳中学课程构成

课程结构分四个层次：核心素养、课程群、科目、模块（或主题、任务群），围绕育人目标与核心素养的三个方面、六个维度，全面整合国家、地方、校本三级课程，形成三大板块、六个系列和二十八个课程群的课程结构（见图2）。将学校的德育课程、文化课程、健康与体育课程、创新课程、生涯规划课程、社团课程、综合实践课程等纳入学校课程体系，形成全方位、立体化的育人环境。

板块	文化基础												自主发展								社会参与							
系列	人文底蕴						科学精神						学会学习				健康生活				责任担当			实践创新				
课程群	汉语与文化	外语与文化	政治与经济	历史与社会	地理与人文	AP文史课	数学与逻辑	物理与工程	化学与材料	生物与环境	通用与信息	AP理科课	生涯与规划	初高衔接课	深中大讲堂	走进大学活动	美术与创意	音乐与创作	运动与竞技	心乔训练营	公民教育课堂	卓越成长营	职业体验营	综合实践课	研究性学习	跨领域创新课	创新中心活动	高端学术活动

图2　深圳中学课程结构

构建具有深圳中学特色的“本校的课程”的课程体系。根据课程开发主体的不同，将课程群内所有课程分为两大类：基础学术课程和深中文凭课程（见图3）。

<table>
<tr><th colspan="17">本校的课程</th></tr>
<tr><th colspan="2" rowspan="2">基础学术课程</th><th colspan="15">深中文凭课程</th></tr>
<tr><th colspan="4">校本选修</th><th colspan="3">特色选修</th><th colspan="5">公共选修</th><th colspan="3">校外选修</th></tr>
<tr><td>必修</td><td>选择性必修</td><td>深中大讲堂</td><td>实践类课程</td><td>自我成长课程</td><td>文化经典课程</td><td>拓展课程</td><td>竞赛课程</td><td>国际课程</td><td>人文类课程</td><td>理工类课程</td><td>艺体技课程</td><td>生涯类课程</td><td>创新类课程</td><td>网络线上课程</td><td>国外游学课程</td><td>人学先修课程</td></tr>
</table>

图3　深圳中学“本校的课程”

基础学术课程由参加高考和学业水平考试所需要学习的科目与模块（主题、任务群）组成，旨在构建学科核心素养的共同基础，使学生达到一定层级的学业质量水平的要求，满足高中毕业和升学的要求。该课程包括国家必修和国家选择性必修。

深中文凭课程是由深圳中学教师、客座教师及创新企业在深圳中学开设的，是“本校的课程”的重要组成部分。该课程是前者的延伸与拓展、提高与深化，供不同需求、潜能和兴趣的学生选修，旨在促进学生充分而自由的发展。

深圳中学以“按需选学”作为课程实施的基本原则（见图4），旨在促进学生个性化、多样化的发展。为不同兴趣志向的学生提供涵盖28个课程群的150多门校本选修课程；为不同学习能力的学生提供不同层次的教学班级。

3. 雄厚资源

为了满足学生的高端学习需求，深中开门办学，向社会公开招募客座教师，融合优质教育资源，与华为、腾讯、大疆、北大、

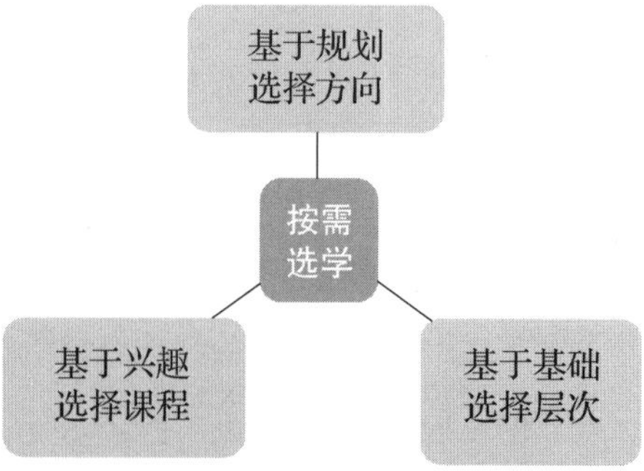

图 4　深圳中学课程实施原则

清华等著名企业、高校共建 19 个创新体验中心和创新实验室；开设深中大讲堂，邀请海内外著名学者讲学。

深中坚持立德树人，本着以学生为中心的原则。为促进学生的全面发展，培养学生的健全人格，学校积极支持学生开展丰富多彩的社团和校内外实践活动。目前有近百个学生社团，涵盖实践类、媒体类、社科类等 8 个类别；学校每学年组织学生开展江西井冈山红色革命之旅和湖南长沙伟人足迹之旅，帮助学生深入理解革命历史，践行社会主义核心价值观。

4. 杰出校友

70 余年来，学校为国家培养了四万余名优秀学子，涌现出许多杰出校友，成为各行各业的领军人才，为特区乃至全国的建设和发展做出了卓越贡献。

腾讯的创始团队 5 人中有 4 人来自深中，他们是马化腾、陈一丹、张志东和许晨晔。党的十八大之后，习近平总书记第一站到深圳视察，考察了三家实体单位——腾讯公司、光启研究院和深圳渔民村，它们的掌门人马化腾、刘若鹏和吴惠权均为深中校友。他们将“深中精神”发挥到极致，追求卓越，敢为人先，创造了中国商业新奇迹，也为深圳的科技创新做出了突出的贡献。

5. 深远影响

深圳中学建立于1947年，1983年6月被定为深圳市唯一的省重点中学，2004年被定为国家新课改样板校，2007年12月顺利通过国家级示范性高中评估，2010年12月被评为全国课程改革和艺术教育两个素质教育特色学校。

2017年，学校在精神文明建设方面取得丰硕成果，先后获评首届"广东省文明校园"、首届"全国文明校园"、"全国心理健康教育特色示范校"、"年度最具影响力学校"等称号。2018年，我校杨天骅、薛泽洋、聂翊宸三位同学分获第49届国际物理和第50届国际化学奥林匹克金牌，一所学校一年内在高中阶段顶级的学科国际赛事中荣获3枚金牌，这在全国都实属难得。目前深中已获得14枚国际学科奥林匹克金牌，2010年以来，北大、清华在深中录取282人，全省第一。2019年，荣获深圳市市长质量奖特别贡献奖，史上唯一学校获此殊荣。

2020年，深中再创辉煌。国内高考，独占鳌头：一本率98.6%，广东省第一；理科前100名9人，广东省第一；文理前100名13人，广东省第一；QS世界大学排名前100的中国高校共录取112人，其中北大、清华32人，广东省第一；60%和68%的国内高考方向毕业生分别达到中山大学、华南理工录取线。海外升学，成绩骄人：美国常春藤大学录取7人，U.S. News美国排名前30的大学录取91人，排名前50的大学录取127人，录取率93.3%；英国牛津、剑桥大学录取4人，英国G5大学录取26人。深中多年发展已取得辉煌的成绩，是深圳基础教育先行示范的体现。

6. 卓越文化

文化孕育发展，学校文化对其发展变革有强大的影响力，打造一流教育的基础，首先要有一流的文化做支撑。依据全球先进城市的教育改革经验，一流学校共性的文化基础具有以下特点：（1）共同的奋斗目标——“我们知道我们要到哪里去”；（2）成功的责任感——“我们一定要成功”；（3）良好的同行共治——“让我们一起解决问题”；（4）持续不断的改进——“我们能做得更好”；（5）终身学习——“人人都要学习”；（6）敢于冒险——“我们通过尝试新事物而学习”；（7）获得支持——“永远有人帮助你”；（8）互相尊重——“每个人都可以有所作为”。在深圳建设社会主义先行示范区的时代背景下，学校也迎来了以文化影响学校和管理学校的新时代，深中通过培植追求卓越学校文化，使学校的办学目标成为广大师生发展的共同愿景，学校上下以共同努力实现世界一流学校目标为使命，以共存、共享、共荣为担当，为建设世界一流高中而奋斗。

三、发展内容

学校的综合发展内容由管理、课程和师资三个维度组成，每个维度下面有四个行动计划（见图 5）。

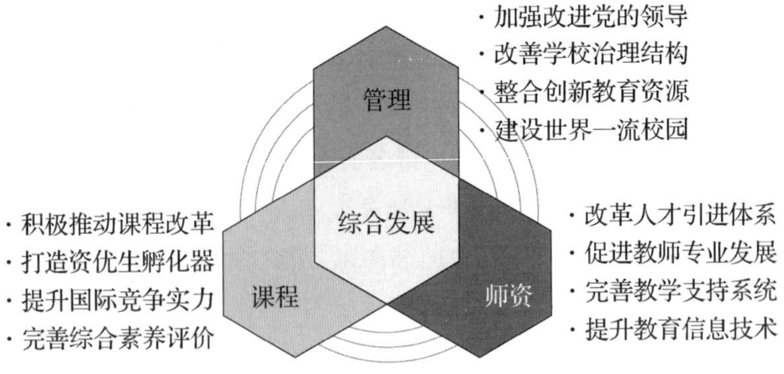

图 5　深圳中学中国特色世界一流建设综合发展内容

（一）加强改进党的领导行动计划

1. 构建卓越党员先锋队伍

通过“党员优先”的人才引进办法和加强对非党员教职员工的吸纳力度，将党员在全校教职员工中的比例从现在的42%提高到50%；加大党员教师中后备干部的培养力度，建设一支高素质专业化的党员干部队伍；深入推进从严治党，进一步提高党员队伍的纯洁性、战斗力和凝聚力。科学、精干设置学校管理部门和职位；明确党管青年的原则，在学生管理中保持政治正确的底线；面向省内外开展教育帮扶工作，帮助教育水平落后地区培养人才。

2. 建立规范高效党务机制

完善“三会一课”、党员发展和管理、党员民主评议等常规党务机制；建立“党委—总支—支部”三级工作制度，形成流畅的三级沟通和执行机制；建立党委、总支、支委党务相关人员业务培训机制，充实党务工作人员，明确考核和奖惩机制，建设一支专业高效的党建工作队伍。

3. 创建特色党员活动品牌

“两学一做”常态化：按照上级要求常态化开展“两学一做”学习教育活动，进行不同层次的党员全员培训，全面提升党员的政治素质和业务能力；“主题党日”品牌化：充分调动基层支部主观能动性，不断创新党员活动形式，以活泼丰富的组织生活提高思想教育的吸引力和生动性；“创先争优”长效化：将党建活动与教育教学工作相结合，与支教相结合，将“创先争优”活动、党员示范岗建设长期开展下去并注重传承提升，更好地发挥党员先锋模范作用。

4. 建设廉洁文明和谐校园

完善廉政机制，强化民主监督，建设廉洁校园；密切联系群众，加强统战和群团工作，做好沟通协调，建设和谐校园；围绕立德树人根本任务，弘扬社会主义核心价值观，形成积极向上的育人环境和舆论氛围。

（二）改善学校治理结构行动计划

1. 明确学校机构设置框架

在学校的治理结构中要强调“扁平化”，实行“初、高中核心区条块并举，一体管理；共同体各学校相对独立，理念相通”的原则，即在由我校直接管理的初高中核心校区实行人事、财物、后勤、招生和师资培训等管理工作以“条”为主，教育、教学以“块”为主，逐渐推进内部结构优化，探索“条”“块”的具体运行模式。共同体学校大多属于“委托管理”，按相对独立、理念相通的方式进行指导式管理。

2. 优化学校各项激励体系

引育一流师资措施的核心有两个重要的心理学理论支撑，一个是马斯洛需要层次理论，另一个是赫茨伯格双因素理论。吸引人才，留住人才，就是要运用物质、精神等激励手段覆盖到学校对教师管理的各个环节，使教师的整个职业生涯都尽可能得到有效的激励。学校激励体系的构建要体现“多劳多得，优劳优得”的原则，通过优化绩效工资分配、职称评聘等办法让真正为学校做出突出贡献的教职员工获得及时有效的激励。要审慎研究“积点制”，采用分阶段、分步骤，先重点、先简单的策略，逐步找到评优评先的合理办法。

3. 优化管理制度配套方案

立足办学定位，保障办学目标的实现，要进一步强化学校管理制度建设，完善各项制度配套方案。修改并完善常规管理文件，如《深圳中学考勤管理办法》《深圳中学工作人员处分管理办法》《深圳中学教学事故处理办法》等方案，并经教代会通过实施。健全民主监督机制，要充分发挥学校纪委、工会、教代会、学术委员会和家委会的作用。

4. 健全学校干部管理办法

学校的工作主要依靠干部抓落实，所以干部管理十分关键。干部管理包括干部的培养、选拔、交流、考核以及竞争上岗的机制。要突出对干部的考核，包括满意度考核、干部管理能力（含思考力、学习力、演讲、文书等）的考核、道德与法律考核等，构建“能上能下”的机制。通过调研、讨论出台《深圳中学中层干部管理办法》。

5. 引导社会力量参与办学

加强对校友会的指导，进一步发挥校友的作用；建立充分的校务公开制度，接受社会监督；尝试建立有校外专家参与的“校务咨询委员会”，为学校的发展建言献策；进一步调动家委会的工作积极性。

（三）整合创新教育资源行动计划

1. 构建创新教育特色路径

创新教育是新时代个性化人才培养的重要途径，深中积极探索、拓宽创新教育路径，融合优质社会资源，已与国内外著名企业和高校共建 19 个创新体验中心和创新实验室。未来发展中，继续以国务院颁布的《中国制造 2025》为指引，围绕“五大工程”

和“十个领域”继续共建新的创新体验中心，与国内外著名高校或研究院所共建创新实验室，在国内拟与北京大学、南京大学、中山大学、南方科技大学等著名高校共建创新实验室10个，在国外拟与美国、英国等著名高校共建创新实验室3～4个，与深圳著名企业共建创新体验中心，重点从师资配置、器材设备、课程建设、竞赛与活动四大方面完善已有的创新体验中心。此外，建立学科综合教室，尤其是人文学科教室；加强对外交流，与国内国际友好学校共享创新教育的特色路径。

2. 完善创新活动支撑体系

规划建设网络支撑体系，实时记录各创新体验中心、创新实验室课程与活动的全过程；举办科技节与创客节，营造浓厚的科技创新氛围；创设完备的赛事制度，组织学生参加国内外中学生重大科技竞赛；积极开展科普教育，邀请国内外著名学者、院士、诺贝尔奖获得者为师生开展讲座或组织师生参访国内外的重大科技活动；建立科技社团或各类创意社团，鼓励和引导学生踊跃开展活动；与知名高校联合组织主题营活动，加强深度体验与深度学习活动；积极开展小发明活动，引导和鼓励学生申请各类发明专利。

（四）建设世界一流校园行动计划

1. 形成标准规范管理机制

进一步明确后勤管理职责和义务，分工明确，责任到人。通过严格的制度管理，确保人尽其才、物尽其用、地尽其利，从而提高办事效率；后勤规章制度要力求精密细致，抓住要害，便于实施。根据不同的岗位制定一系列的管理制度。

2. 创建绿色生态校园环境

倡导传递绿色生态发展理念，引领学校行政人员、教师、学生、家长、校友及其他社会群体践行绿色生态理念；校园建筑与规划应本着节水、节能、节地、节材、环保等原则，最大限度地节约资源，保护环境和减少污染，为师生提供健康、适用、高效的使用空间，让校园建筑与自然融为一体；合理布局校园绿化，定期修剪，保持校园清洁、整洁、卫生；室内空间设计科学、设施摆放有序；做好垃圾分类投放和清理；合理、节约使用各类资源等。

3. 配备先进完善硬件设施

校园规划建设中，向市政府申报资金划拨的上限，争取充裕的资金；结合深圳中学的办学定位，走出去，引进来，探索办学新理念；结合绿色校园、生态校园、智慧校园等办学趋势，合理规划校园建设；利用其他社会资源，著名企业、科技行业等与教育融合，引入先进的设施设备，加强设施设备的管理，确保引进设施设备的质量，优化设施设备的保养与养护，延长设施设备的使用寿命。

4. 构建稳定和谐安管体系

形成全员安全理念，强化全体教职工牢固树立安全至上、安全责任重于泰山的意识，不定期对全体教职员工进行安全教育；强化安全日常管理，完善并落实各项安全管理制度，做到职责明确，措施具体，责任到人，按章办事；落实安全防范工作措施，与教职工签订一岗双责安全责任书，将安全教育工作作为对教职员工考核的重要内容，实行一票否决制度；形成良好的应急处理机制，制定处置预案，尤其是针对类似中毒事件、意外伤亡等重大突发事件，并根据不断变化的情况及时修订完善。

（五）积极推动课程改革行动计划

1. 新高考课程设计与实施

研究出台《深圳中学2020级课程设置与实施方案》，探索实践新高考背景下的行政班与教学班设置和学科教学课时设置；优化学校校本课程开设计划，提高校本课程开设质量；基于高校招生新方案，开设学科拓展课程；基于学科特点，开设学科活动校本课程；基于学生发展需要和兴趣，开设巩固提升类选修课程，进一步优化教学管理与教学评价。

优化实施分层走班教学，按需选学、按需施教，提升课堂教学效能与学科素养水平；基于新的学业水平考试和普通高考标准，优化学校课程学习评价标准，减轻学生学习负担，提高学生学习效率；基于学校发展需要，优化学校教师教学质量评价方案。

2. 加强活动课程开发管理

探索学生活动项目管理，制定更加符合深中特质的学生活动管理体系，可将学生活动分为自发活动、招标活动、指定活动三类，使学生活动的管理及开展更加科学化、个性化、多元化。加强规范学生社团建设，健全完善社团制度，进一步加强社团指导教师队伍建设，鼓励支持校内及校外社团指导教师参与社团共建，在物质、精神及专业发展层面给予奖励及肯定；进一步加强校际学生社团的合作交流、资源共享及优势互补，扩大学生社团的自身发展和国际影响；进一步加强社团自媒体舆情管理，自媒体涉及意识形态，管理不能含糊，学校作为青年人的成长成才之地，合理管理自媒体并不是侵权和越界，而是应尽的职责。

进一步加强艺体团队的建设，一方面制定艺术团队经费使用的绩效评价制度，另一方面为有意考取艺术、体育院校的学生提供适合的课程体系和发展平台，同时提升团队师资力量，实现团队良性发展。成立深圳中学足球俱乐部，让学校拥有的外部资源得到最大化利用，使足球队员的培养更加专业化，对校园足球的普及起到更好的引领作用。

3. 开发建设创新课程体系

各创新实验室、创新体验中心与合作的高校、企业和科研院所共同研究、开发校本课程，主要包括与清华大学开设量子物理课程、与上海交通大学开设太阳能光伏发电课程、与港中大（深圳）开发中学生机器人基础课程、与深圳大学开发中学生空间信息基础课程、与华为开发“工业设计”艺术鉴赏与评析课程、与科大讯飞开发普通高中AI基础课程、与大疆开发中学生无人机课程、与中国建设银行深圳分行开发中学生金融基础课程、与华大基因开发中学生基因工程课程、与光启研究院开发中学生超导材料课程等。此外，更积极引入国内国际其他的创新教育研发机构的优质课程。

4. 优化资优学生课程方案

目前，国际上对于资优学生的培养普遍采取加速加深模式、能力分组模式和充实模式，我校在基础核心课程上的加速加深模式经过多年的发展已经较为全面和完善。但是在理科资优学生的情意能力发展及实践能力培养方面的充实课程尚不完善。今后将继续加深对学生的人文通识教育，为学生的终身发展助力，着重从以下几个方面提升课程设置的质量：为所有学生在常规课程中加入高层次思维技巧、创造力、个人及社交能力等三大资优教育元素；在所有科目的常规课堂内，按学生的特质尝试实施适性教学，以分组教学、增加及延伸专门性学习领域的课程内容，满足学生的不同学习需要；针对个别资优学生的特殊课程需求，借助学校与华为公司的特殊人才奖励计划，为这类学生提供以抽离方式进行的补充课程。在常规课堂以外，为在特定范畴有突出表现或者浓厚兴趣的学生提供系统地进行专科特定范畴学习的选修课程（例如艺术、体育等），系统性的拓展课程（例如领袖训练营、抗逆力训练、野外生存训练等）。

5. 大力提升国际课程层次

提高现有国家课程及 AP 课程教学质量，建立过程监控机制。提高 AP 课程质量，加强对学生 AP 课程学习的指引，建立 AP 课程评价制度。每年加大对教师的培训力度，通过参加美国大学理事会 AP 课程培训，其他国际学校互访，国外短期学习等方式，争取未来 5 年再开设 5 门 AP 课程，争取覆盖 90%的 AP 课程门类；增设 A-Level 课程，为申请英联邦国家的著名大学提供更多机会；加强面向出国方向学生的中国语文、中国历史、中国文化课程建设，提升学生国学素养，渗透爱国主义教育；实施多学科分层教学，目前英语从高一到高三分了 8 个层次，数学在高二、高三分了 4 个层次，让学生自主选择，实施效果较好。计划将物理、化学从高一开始实施分层教学，以满足艺术生、普通学生和理科特长学生的不同需求。探索用英语开设中国文化类课程，以线上微课或暑期短期授课的形式，为本校学生、交换学生、参观来访学生提供有中国特色的国学、历史或其他文化类课程。

（六）打造资优生孵化器行动计划

1. 完善资优学生识别体系

通过建立资优学生综合能力数据库，改进现有评价（考核）方案，建立资优学生的甄别方案，使资优学生的甄别工作更加精准；完善现有资优学生评价机制，结合学校综合素养评价平台，对学生进行多元化评价，建立家校定期对谈机制，及时对每一个学生的培养、未来规划“量身定做”，并做好持续跟踪记录，完善评价反馈体系。

2. 改善资优学生成长环境

在校园硬件方面，需要为资优学生的身心健康创设更优越的条件；在软件方面，需要提升教学服务的质量和水平。例如配备更先进的物理、化学、生物学、信息学、天文学等竞赛实验室；提供多元的创新体验中心；优化现有的教学服务网络平台，提供更加广泛、高效的阅读媒介；与高校、企业合作，打通发展空间，构建完整的教育链；充分利用校园自媒体，丰富资优学生的校园生活，促进家校沟通。

（七）提升国际竞争实力行动计划

1. 积极拓展国际交流渠道

借鉴深中与芬兰耶尔文佩高中的合作模式，拓展与其他基础教育发达地区著名高中的互相交流的渠道。在五年之内，通过可能的途径，逐年增加友好交流学校，互派学生，互派老师，共同设计合作课程，在合作中互相学习对方的教育经验；在政策允许的情况下，增加对国外顶尖高校的交流，创造条件，邀请国外优秀教师来我校短期任教，开设课程。与此同时，我们也可以派老师出国交流，去国外高中开课，到合作学校去教授中文，传播中国文化，增强我校国际影响力。学校需提供诸如经费、住宿、课时安排等各项支持。

积极响应党中央、国务院《粤港澳大湾区发展规划纲要》战略发展要求，“打造教育和人才高地；鼓励港澳青年到内地就读；在广东建设港澳子弟学校”。深圳中学拟开办港澳人士子弟班，为港澳人士子女提供高品质教育，助力深圳先行示范。

2. 丰富高端学术活动门类

利用网络平台及高校资源，鼓励学生参与国际性学习和学术研究项目，与国际接轨。重点项目：在线学习、学术活动。利用和学科相关的网络学习平台（如 iLearn，pioneer academy），鼓励学生参与到全球性的活动项目中，增强学生的交流能力，开拓学生的国际视野；鼓励学生参加国际交流。支持学生参与并设计跨学科的研究性学习项目，对于出国交流、交换的学生，鼓励他们带着项目去交流，做到有目的、有计划地出国学习，为学生参加活动提供学术支持。

3. 继续保持海外升学优势

建立班主任与升学指导协作制度，通过对班主任培训，建立升学指导和班主任的协作机制，让班主任熟悉升学流程、升学关键因素、学校课程设置，能结合学生的特质，挖掘学生潜力，一对一引导学生进行高中三年的学习规划。同时，提高升学指导面向高一年级的咨询频率，让升学指导从高一开始介入学生的学习规划、专业规划和升学准备。争取未来五年深圳中学学生在美国排名前三十大学、英国 G5 大学中录取率稳中有升，保持在全国领先的地位。

（八）完善综合素养评价行动计划

1. 创新综合素养评价体系

综合素养评价推行的关键是教育全员化，教育全员化的关键是管理组织的扁平化，管理教育实施的项目化，以及评价导向。基于学校培养目标，建立包括德行评价、学业素养评价、能力评价，体、美、劳、实践、创新评价的综合素养评价体系。重视学生的德行表现，完善“绿色倡导，黄色遵守、红色禁止”的深中德行模型；重视学生的社会责任感、公益服务意识的培养，鼓励公益类社团的发展及活动的开展；搭建高端创新实践活动平台，引导学生整合学习。

2. 制定综合素养评价标准

建立符合教育教学不同领域特点的综合素养评价标准。建立符合文理学科大类特点的过程性评价标准；建立活动课程的过程性评价标准；建立各学科不同类型课程的过程性评价标准。

3. 积极引入多元评价主体

引入除班主任、学科教师之外的更多评价主体。引入校内外社团指导教师、宿舍生活管理员等传统意义上的教辅人员作为综合评价辅助，打造多元评价平台；引入朋辈学生作为综合素养评价主体，利用青少年重视同伴评价的心理特点，引导学生发展；引入家长作为评价主体，促进家长关注学生全面发展，增强家校互动；将学生本人也作为评价主体，充分发挥学生的主观能动性，增强学生内在动机，促进学生对自己全面客观的认识。

4. 优化综合素养评价方式

量化与质性评价相结合，优化综合素养评价方式。以量化评价为基础，增加质性评价，设置质性具体描述的内容模块；对过程中的关键节点进行量化分析；以学生成长报告方式呈现综合素养评价结果，包含质性的成长大事、优秀作品等，也包括量化的成绩单及优势学科领域等分析。

5. 落实评价结果合理使用

落实综合素养评价结果的合理使用。将综合素养评价结果作为学生评选优秀的重要依据；将综合素养评价结果作为大学自主招生推荐的重要依据；将综合素养评价报告作为学生海外申请成绩单的必选文件。

（九）改革人才引进体系行动计划

1. 提升人才队伍结构和水平

牢固树立“人才是第一资源”的思想，坚持引育并举，全面落实人才强校战略。着力加强正高教师、特级教师、金牌教练、中青年骨干教师为重点的高端人才引进和培育工作。利用时代发展契机及学校资源、品牌优势，加大高精尖人才引进力度，制定校本化人才引进方案，吸引汇聚海内外名校优秀博士、硕士扩充学校的师资队伍，进一步优化师资队伍的学历结构。按照“高起点、高要求、高投入”的原则，积极创造条件，把学科带头教师造就成学科名师、大师；优化人才招聘途径及流程，完善人才甄选标准；完善教职员工激励体系方案，拓宽资源，推动激励措施的落实，进一步优化教师评价、职称评聘方案，最大限度地调动在校教师队伍开展科研、创新活动的积极性和主动性，促进学校拔尖人才的梯次成长。

2. 构建教师职业规划体系

教师角色理想重建的重要途径在于帮助教师做好职业规划的构建。立足未来，将青年教师培养作为学校发展战略，继续强化“青蓝工程”建设，优化入职三年青年教师培养系统，提升青年教师教育、教学技能大赛水平，完善教师业务和专业发展信息管理，定期进行青年教师成长档案和成果展示，合理利用奖教助教的社会资源，设立青年教师发展基金。重视名师培育，做好四级名师梯队建设，争取五年内认定的省市名师倍增，推出校内学科领军人才计划，支持名师工作室建设和名师高端研修，充分发挥名师工作室示范引领辐射作用。

3. 优化学科竞赛教练团队

建设好竞赛教练团队，通过招聘有学科竞赛经历的应届毕业生、引进金牌教练等方式加强教练队伍建设；建设好国际高端学术活动的指导教师队伍。除了五大联赛的教练团队之外，我们还需要一支能指导国际比赛的师资队伍。目前通过引进名校、高学历、在高中阶段有优秀竞赛成绩的毕业生以及有经验的竞赛教练，充实竞赛教练队伍；完善竞赛激励体系，以稳定提升教练团队，创造平台让老师们施展才华，建立配套的激励体系，认可他们的付出。

4. 发展创新教育教练团队

一方面，从高校或科研院所聘请客座教授，主持相关赛事与项目团队；另一方面，从国内或国际引进相关项目的高水平教练，重点培养，以期打造结构合理、领跑型的创新教育教练队伍。

（十）促进教师专业发展行动计划

1. 健全师德建设长效机制

强化师德教育，引导教师树立崇高理想和育人使命，促进教师提高自身修养。坚定正确的政治方向，坚持立德树人、德育为先的育人职责，发挥教师的思想引领作用，以良好的思想政治素质影响和引领学生成长。培养爱岗敬业精神，激励教师把主要精力放在教育教学和科研水平提升上，激发教师的职业幸福感、成就感、荣誉感和社会责任感。引导教师全面关心学生成长，努力形成相互激励、教学相长的和谐师生关系。坚持严格监督与激励关爱相结合，强化师德考核和表彰制度，在人才引进、职务晋升、考核评价等环节将师德作为必要考察内容，健全防止师德失范的有效机制。

2. 提高教师培训的有效性

学校教师队伍质量的基础性构成是每个教师具备的基本素养。素养是在先天遗传的基础上，由后天的养育、个体所受的各级各类教育、人生经历、个人已有的生命实践积淀而成的。新型教师的基本素养包括基础性素养和教师专业素养。基础性素养涉及个人价值取向和发展的内驱力，宽厚、扎实的文化底蕴，实践创新能力。教师的专业素养涉及学科专业素养、教育专业素养等。这些素养的发展需要在后期的教育实践中不断学习、完善。因此打造具有深入研究能力和实践能力的教师队伍，需要学校制定系统、科学、有效的教师培训体系。未来我校会不断创新教师培训形式，开展全员培训，促进教师终身学习和专业发展。提高培训效率，采用“互联网+”教师培训，线上线下联动研修。结合教育教学实际，紧密围绕立德树人、核心素养、智慧教育与教育研究需求开展培训。创造高端学术活动交流契机和平台，“请进来”与“走出去”相结合，健全教师发展机制。

3. 促进教师科研水平发展

开展基于学科核心素养下的系列课堂教研活动，以课题为抓手，提升学科组校本课程的开发和实施能力，打造品牌教研学科组。健全课题培育和逐级申报制度。规范项目开题、中期检查和成果鉴定流程管理。研究开发高质量的校本课程，有计划地出版校本教材。积极推动教师参加优秀论文、优秀教学设计、优秀视频、优秀教具制作等评比。在每年度“一师一优课，一课一名师”活动中，所有科组力争省级以上优课；强化成果意识，鼓励和支持教科研成果发表、出版和推广；进一步优化《深圳中学教育教学科研优秀成果奖励办法》。

（十一）完善教学支持系统行动计划

1. 加强信息基础设施建设

打造高速智能的信息基础设施，保障信息化应用系统、移动办公、数据传递环境。推进校园网络扩容提速，接入电信、移动、教育城域网，通过超融合云化数据库、负载均衡技术优化网络效益。加强无线网络管理，配备先进的可交互的智能设施设备和多类型的电子资源。数据中心建设实现全光万兆到架顶、千兆到服务器，完成超融合服务器所有应用服务器的虚拟化迁移工作，实现从传统数据中心到虚拟数据中心的转变。

2. 推进五大核心平台建设

推进五大核心平台建设，助力精准化管理和服务的优化，加强学校各系统界面整合、数据共享，为师生提供一站式服务。

（1）智慧校园办公系统。建设基础数据库，通过流程再造与系统重构，实现信息技术与学校管理的深度融合。

（2）智慧课堂系统。构建以学习者为中心的智能化教学支持环境，推进人工智能在教学管理全流程的应用，实现“网络学习空间人人通”，为教师提供有效的网络授课环境，为学生提供有效的网络学习环境，为教学评估提供科学依据。

（3）智慧教学管理系统。满足新高考方案选课走班模式下的排课、评价、考勤需求。

（4）智慧校园公共平台。升级完善“一卡通”系统，实现与食堂管理系统、门禁系统、考勤系统、签到预约系统、图书馆系统、统一用户管理和身份认证、权限管理无缝对接，构建统一的校园移动端平台。

（5）智慧型数字图书馆。通过丰富数字图书、电子期刊的种类，优化阅读环境、阅读设备，使图书馆成为学校的学习中心、资源中心、研究中心和活动中心。

3. 提高信息安全管理水平

加强网络安全、系统安全服务意识，重视校园网络等级保护建设。完善安全保障机制，有计划、有步骤地推进学校网络安全硬件及软件设施建设。增设安全网关、上网行为管理、上网行为审计等软件，建设统一的日志审计平台、安全检测平台、APT 攻击预警平台来加强网络安全的智能管理，实现网络应用的“可管、可控、可用”。实现对校园视频监控、入侵报警、求助报警、电子巡更、电子监考、学生出入管理和访客管理等系统升级，加强安全防护，建立安全应急处理机制，有效避免危机事态发生发展。提高全员信息网络安全意识，加强网络安全常识宣传和指导，重视邮箱管理、密码设置管理和学校数据的管控。培养一支有行动力的网络安全队伍，及时处理危机事宜。

（十二）提升教育信息技术行动计划

1. 开展教师数据素养培训

学校 45 岁以下教师都能通过学校数据素养继续教育考核。教师数据素养是制约数据驱动教学的关键要素，美国早在 2005 年的数据质量运动中就提到了教师数据素养的重要性，并提出了教师必备的十项关键数据素养技能。美国州际学校领导者认证联盟制定的《教育领导者标准》和州际教师评价与支持联盟制定的《核心教学示范标准》中，也明确提出了教育者必备的数据素养技能。2014 年，美国 19 个州将数据素养纳入不同层次的教师资格认证中，在不同层次的教师资格认定中标识相应的素养要求，使数据素养成为教师的基本素养。

2. 打造智慧学习互动平台

数据驱动的精准教学离不开网络学习平台的支持，拟引入有实力的教育大数据企业与教育信息化工程技术研发机构，重点围绕教学数据的自然采集、多源数据的无缝集成、学习行为数据的深度挖掘与预警分析、知识地图的构建和学科能力的智能诊断等方面，研发新一代智慧学习平台。

3. 探索数据驱动教学模式

探索数据驱动教学新模式，成立数据驱动教学示范项目组和课题组；定期组织共同体学校开展数据驱动教学年会活动，借鉴知识建构领域学习共同体的做法，由深中共同体学校轮流牵头，定期组织校级数据驱动教学年会，搭建教学案例展示、技术产品应用、示范经验分享以及发展趋势探讨的交流平台，动态汇聚各方数据驱动教学的集体智慧。

四、实施保障

（一）组织保障

成立规划制定与规划实施领导小组，负责规划制定工作的整体统筹和协调。成立督导评估领导小组，负责对规划实施情况进行阶段检查和考核。

（二）制度保障

落实教职工代表大会制度。尊重每位教职工对规划的发言权，认真听取和吸收教职工代表大会对规划的意见和建议。建立跟踪监测、检查和评估制度。加强对规划实施的组织、协调和督导，学校有关部门定期对规划实施过程、进度和效果进行检测评估和跟踪分析，有效把握规划建设的总体进展。

（三）资源保障

获得国内外著名企业、大学和研究院的帮助及专业支持。目前，已建立的 19 个创新体验中心和创新实验室，可为学校未来建设提供强力保障和专业支持。邀请专家、学者进行专业指导。

（四）政策保障

积极争取各相关政府部门的政策支持。建立以总体规划为总领、专题规划为支撑、部门规划为基础的发展规划体系，各司其职、齐心合力，确保各项任务高质量完成。积极争取相关政府部门的经费支持。坚持规划先行，以规划定项目；实行项目带动，以项目定预算。规范各个项目的论证审批制度，加强学校财务预算与规划实施的衔接协调。

附录3

深圳中学：点燃“红色引擎”加速迈向世界一流

“生而强者不必自喜也，生而弱者不必自悲也。吾生而弱乎，或者天之诱我以至于强，未可知也。”今年高考，毛泽东发表于《新青年》的《体育之研究》一文成为全国语文新高考Ⅰ卷的作文题素材，而在高考前，深圳中学（以下简称“深中”）就有一批学子“提前”上了一堂“真题解析课”，这是怎么一回事？

原来，今年5月，在庆祝建党100周年和深中学子计划外赴韶山、长沙、井冈山等地参加社会实践的背景下，深中教师刘晓慧为学生们带来了以“恰同学少年——毛泽东青少年时代的脚步”为主题的校本选修课，其中的内容就刚好包含《体育之研究》。

看似偶然的“在深中校本选修课上与高考作文不期而遇”，实际上却是刘晓慧全力以赴的准备。刘晓慧说，为准备该专题，她不仅特地认真阅读了六卷本的《毛泽东传》和《毛泽东诗词》，还前后看了二十多个小时各种纪录片和长短视频并认真进行分析反思和总结梳理。

从这个事例中我们可以窥见，一所学校在推动党建工作与教育教学工作深度融合中所下的功夫，很好地渗透进老师的工作日常。

为全面加强党建引领教育高质量发展，深圳中学在今年3月成立党史学习教育领导小组，校党委书记、校长朱华伟任组长。在近百天里，学校不仅创新方式进行党史学习教育，更是在学习过程中积极践行“我为群众办实事”，有力促进了学校教育教学质量的进一步提升。

1. 赓续红色基因　党史学习凝聚奋进力量

“102 年前的‘五四运动’，深刻地影响了一代中国青年，毛泽东、周恩来等中国共产党领袖，以中华民族复兴为己任，奋勇前行；1980 年的 5 月，中共中央、国务院正式将深圳定位‘经济特区’，这个位于南海之滨的小渔村开启了冲刺世界一流的新征程……”

2021 年 5 月，深中举行“共忆五四运动，献礼建党百年”全校集会，朱华伟校长以“学史力行：赓续红色基因，发扬特区精神”为题，为全校师生开讲思政课。用 5 月串联起中华民族一个世纪以来的风云变幻，朱华伟校长铿锵有力地为师生讲述着党的故事、特区的精神。

在深中，讲党史一直贯穿于学校的学生工作和教育活动中。深中团校为入团积极分子举办了“从中国共产党的历史看中国共产党的思想”主题团课，由历史科组靳万莹老师主讲，介绍了中国共产党自成立以来的发展全过程：从中国共产党成立的时代背景“救国救民，追求富强”，到中国共产党在浙江南湖的一叶扁舟中应运诞生，翻开了开天辟地的新篇章。在老师的讲述下，学生们更加坚定了要做党的助手和后备军的信念，要树立正确人生观，珍惜当下的和平幸福生活，成为青年学生的榜样。

当然，赓续红色基因，深中的党史学习教育不止于此。今年深中将党史教育融入各学科教学之中，安排了党史学习征文、知识竞赛、歌咏比赛、历史剧本大赛等多元活动。例如，高中部政治科组组织学生开展了“深望百年党史，中兴一代少年”党史知识竞赛；历史科组组织了以“人间正道——世界历史与中国革命中的共产主义和共产党人”为主题的高中生历史剧本大赛；深中党办、高中语文科组组织师生参加广东省教育厅主办的“学百年党史、做时代新人”主题征文活动，选送的20篇文章全部被市教育工委推荐参加省级评选；竞赛支部就组织全体党员及入党积极分子参观深圳国贸大厦历史陈列馆，开展党史教育主题党日活动；初中部组织学生观看共青团中央直播的“学党史·强信念·跟党走”主题团课，开展了班级主题团日活动和读书会活动。

除此之外，5月上中旬，深中还组织各支部党员广泛参与“唱支赞歌给党听”党员合唱活动，60余名党员踊跃参加党委合唱队，认真完成了《我的中国心》视频录制。下旬，高一年级在井冈山红色教育基地社会实践行前准备工作中，以班级为单位多次排练革命歌曲，虽然社会实践因为疫情取消，但排练过程中同学们已经受到了革命精神的熏陶。

从6月上旬开始，深中图书馆也推出“经典图书推荐”“红色经典影片播放”等活动，通过公众号向学校师生推荐《红船精神》《新中国》《历史转折中的人和事》等书目，并附馆藏地点、索书号等信息供师生查询。

2. 做实大事小事　为群众办实事彰显教育初心

“为群众办实事”，落脚在办、关键在实、贵在走心。在深中，学校党委始终心里装着师生、凡事想着师生，深圳首条校园通学定制巴士落地深中就是其生动注脚。

深中泥岗校区自去年启用以来，承接了新一届高一所有学生，目前在校师生3 000余人，每逢周末和节假日上下学高峰期，学校周边接送车辆较多，家长接送等待时间较长，交通拥堵情况时有发生。为此，深中泥岗校区交通改善专项协调会主动联系市交通运输局、深圳巴士集团、家委会等认真征求各方意见和需求，前期根据校区师生出行情况进行了深度调研，并与深圳巴士集团、家委会反复论证，联合制定了《深圳中学泥岗校区交通改善方案》。5 月 21 日，起止点为深圳中学新校区、宝安桃源居的深圳中学通学定制巴士开线仪式正式举行。此举不仅得到师生家长的广泛点赞，也成为深圳校园为师生着想的样板工程。

在完善办学设施上，深中也是不遗余力。5 月 26 日，朱华伟校长主持召开校长办公会议，研究师生乒乓球活动场地硬件提升工作，会议决定通过了新校区乒乓球场玻璃窗加装工程项目，以及在学校成德楼二楼增设教职工乒乓球室。今年 3 月，深圳正式发布《深圳市义务教育阶段学校课后服务实施意见》，要求自 3 月 5 日起，分批、有序推动全市公民办中小学开展 1～2 课时的免费课后服务；目前，学校课后服务课程结构分为：拓展课程（含思维、博雅、艺体等）、力行课程（含创新、劳动、主题教育等）、阳光体育、社团、社会服务实践、自主学习、自主阅读、教师答疑等，面向全体学生提供多样化选择。课后服务的推动，不仅切实为家长解决了“接送难、看管难”的后顾之忧，让学生乐享课后幸福成长时光，同时也给教师各展所长提供了更大平台，服务开展效果得到了老师、家长、学生的大力赞扬。

对于青年教师成长，深中稳步推进“青蓝工程”“树人计划”“学科研究室”等多项青年教师培养行动。为进一步了解青年教师的发展需求、促进青年教师成长，迎接第 72 个五四青年节的到来，今年，朱华伟校长还邀请近五年入职深中的初、高中近三十位两部青年教师共聚一堂，召开青年教师座谈会，校领导与教师聊工作、谈生活、话成长。

3. 追求卓越发展　守正创新卓立时代潮头

教书育人是教育工作的基本内容，党建引领自然也要落脚在教育质量的提升上。

作为以深圳这座城市名字命名的中学，深中秉承“追求卓越、敢为人先”的精神传统，始终紧跟国家和深圳特区的前进步伐，围绕拔尖创新人才培养，多年来，在师资队伍建设、课程改革、学科竞赛、创新教育、国际教育、艺体教育、校园文化、服务社会等方面做了大量探索和实践，成为深圳教育的窗口和文化名片。

国内高考，全省领先。2017—2020 年，118 人被北大、清华录取，排名广东省第一。2020 年，高分优先投档线比例 98.6%，排名广东省第一；QS 世界大学排名前 100 的中国高校共录取 112 人，其中北大、清华录取 32 人，排名广东省第一；60%和 68%的国内高考方向毕业生分别达到中山大学、华南理工录取线。

学科竞赛，成绩骄人。2018 年，杨天骅、薛泽洋获第 49 届国际物理奥林匹克金牌，聂翊宸获第 50 届国际化学奥林匹克金牌。2019 年，朱冠宇获第 32 届国际青年物理学家竞赛（IYPT）金牌。2020 年，全国数理化生四大学科竞赛，74 人获一等奖，全省第一；22 人入选省队，全省第一；彭也博获第 36 届中国数学奥林匹克第一名（满分）；李昊原获全美生物与健康未来领袖挑战 ATC-生物化学科目全球第一，全国首次。2021 年，余楚健获学术马拉松（Academic Marathon）全球总决赛化学马拉松竞赛全球第一；何思源、靳柏舟、李亦洲、杨博凯、吴炳辰、范佳轩 6 人入选 2021 年清华大学丘成桐新领军计划（全国录取 69 人），全国第一；冯晨旭、彭也博入选第 62 届国际数学奥林匹克中国国家队（全国 6 人），全国第一；刘碧漪、孟凡悦、熊昱婷、张政亮 4

人入选 2021 年北京大学全球精英人才 A 计划。

创新教育，表现卓越。2017 年、2019 年、2020 年，深中代表队获国际基因工程机器大赛（iGEM）高中组金奖。2019 年，深中代表队获 VEX 亚洲机器人锦标赛中国区选拔赛一等奖 2 项，VEX 亚洲机器人锦标赛金奖 1 项。2020 年，黄飞扬荣获丘成桐中学科学奖全球总冠军；李昊轩、黄飞扬、王蕴达、刘皓星“全自动线上道路积水预警系统”项目组获第六届中国国际“互联网+”大学生创新创业大赛全国总决赛萌芽赛道创新潜力奖；袁若琪和李昊原获 Brain Bee 脑科学大赛全国一等奖，袁若琪获全国第一；深中代表队获 VEX 机器人全国总决赛一等奖和高中组唯一突出贡献奖。2021 年，深中代表队获“环保马拉松 Envirothon”高中理工科竞赛全国第一；李可入选国际初中生信息学竞赛（ISIJ）中国国家队。

海外升学，全国前列。美国方向：2017—2021 年，9 人被哈佛、耶鲁、斯坦福和麻省理工等美国顶尖名校录取，38 人被美国常春藤高校录取，53 人被美国 U. S. News 排名前 10 的综合大学和文理学院（不含艺术院校）录取。400 人被美国 U. S. News 排名前 30 的综合大学和文理学院（不含艺术院校）录取，占美本申请人数的 66%；666 人被美国 U. S. News 排名前 50 的综合大学和文理学院（不含艺术院校）录取，占美本申请人数的 93%。英国方向：2017—2021 年，24 人被牛津大学、剑桥大学录取，90 人被英国 G5 精英学校录取。

艺体教育，卓然超群。合唱团、舞蹈团、管乐团、民乐团均在国内享有盛誉。2018 年，吴谷子以足球特长获北大录取；足球队获“电力杯”暨“一带一路”国际青少年足球邀请赛亚军。2019 年，张钰渟以舞蹈特长获北大降分录取，全国唯一。2020

年，胡晶晶以美术特长获清华录取；合唱团受邀参加央视策划的《乘风破浪看深圳》活动，两个小时便收视过亿；游泳队冯炜棋获广东省中学生游泳锦标赛女子甲组 400 米自由泳第一名和女子甲组 200 米自由泳第一名；足球队获广东省“省长杯”青少年校园足球联赛全省总决赛第五名。

优质的教育教学也使得深中迎来许多高校抛出的合作橄榄枝，深中今年先后入选全国首批三星级“北京大学博雅人才共育基地”和首批“清华拔尖创新人才培养基地”，与美国普林斯顿国际数理学校举行建立友好学校的云签约仪式，与罗湖区人民政府签署战略合作协议，邀请华大基因学院院长杨焕明院士、清华大学物理系教授朱邦芬院士、清华大学丘成桐数学科学中心主任丘成桐院士、中国科学院陈建生院士莅临深中大讲堂。

深中的发展没有终点，探索与创新是深中发展的永恒主题。在点燃学校发展红色引擎下，深中也将步履铿锵迈向世界一流。

4. 图强党建，储备党员后备力量，开设学生“党的基本知识学习班”

6 月 16 日，深圳中学党委首次举办学生“党的基本知识学习班”，参加此次学习的 43 名同学全部来自高二年级，他们均是经过自主申请、班级推荐、高二党支部考察产生的优秀学生。

学生“党的基本知识学习班”是深圳中学党委的创新形式，是引导学生积极向党组织靠拢的新做法。学校高二党支部将对参加此次学习的 43 名同学跟踪培养，引导他们在平时的学习与生活中用党员的标准来严格要求自己，为成为一名入党积极分子做好充分准备。在条件成熟的时候，鼓励他们提交入党志愿书。

第一节党课上，朱华伟校长为同学们讲授了题为“赓续红色基因，发扬特区精神”的党课。他讲到，深中人以“追求卓越、敢为人先”的精神，以“建设中国特色世界一流高中”的行动，助力深圳乃至国家的基础教育改革创新；同时，也以实实在在的行动宣示“感党恩、跟党走”的深情与决心。

随后深中高中政治科组教师、高二党员班主任田瑞以“闪闪的红星——潘冬子、两弹一星功勋——钱学森、世上最亲邮递员——王顺友”为主题讲述党员的故事。音乐“红星闪闪放光彩，红星灿灿暖胸怀……”一响起，便拉近了“80后”与“00后”的距离，这不仅是田老师的童年记忆，也是在场许多同学的童年记忆。

田瑞讲述的党员的故事，激发了同学们对中国共产党的向往，“通过党课的学习，对党的基本知识和党的事业有了更为深刻的理解，体会了作为一名中共党员的使命感和责任感。”高二（15）班陈珮璇说。

高二（16）班陈柯言则感悟到：“今日，在聆听第一节党课之后，我不仅从理论思想上领会到了中国共产党的伟大理想与目标，还在活生生的事例中看到一代又一代优秀党员全心全意为人民服务的伟大品格。”

——本文刊发于《南方日报》2021年6月30日10版

图书在版编目（CIP）数据

崇志集：建设世界一流高中 / 朱华伟著.
北京：中国人民大学出版社，2024.10. --（上善书系）.
ISBN 978-7-300-33246-8

Ⅰ.G639.2

中国国家版本馆 CIP 数据核字第 20244E0N85 号

上善书系
崇志集：建设世界一流高中
朱华伟 著
Chongzhiji：Jianshe Shijie Yiliu Gaozhong

出版发行	中国人民大学出版社		
社　　址	北京中关村大街 31 号	邮政编码	100080
电　　话	010－62511242（总编室）		010－62511770（质管部）
	010－82501766（邮购部）		010－62514148（门市部）
	010－62515195（发行公司）		010－62515275（盗版举报）
网　　址	http://www.crup.com.cn		
经　　销	新华书店		
印　　刷	中煤（北京）印务有限公司		
开　　本	720 mm×1000 mm　1/16	版　　次	2024 年 10 月第 1 版
印　　张	16 插页 1	印　　次	2025 年 10 月第 4 次印刷
字　　数	185 000	定　　价	56.00 元